À la croisée de mon chemin…

ÉMILIE MARGUERITE

Couverture réalisée avec Canva

Auto-édition Amazon - Émilie MARGUERITE ©
Dépôt Légal : juin 2020

ISBN : 9798648840720

« La plus grande découverte de notre génération a été de s'apercevoir qu'un homme peut changer sa vie en modifiant sa façon de penser. »
William James

« Ce que nous évitons de reconnaître en nous-mêmes, nous le rencontrons plus tard sous la forme du destin. »
Carl Gustav Jung

« La vie vous donnera toutes les expériences qui seront utiles pour l'évolution de votre conscience. »
Eckhart Tolle

Effondrement

« Ne confonds pas ton chemin avec ta destination. Ce n'est pas parce que c'est orageux aujourd'hui que cela signifie que tu ne te diriges pas vers le soleil. »
Anthony Fernando

Lundi 11 septembre 2017

« Ève, je vous ai convoquée ce matin, car j'ai quelque chose à vous annoncer. Ce n'est pas une bonne nouvelle, pour vous comme pour moi…

— Je vous écoute.

— Voilà, vous savez que je vous apprécie beaucoup. Je me souviens encore du moment où je vous ai présentée à l'équipe. Vous étiez si discrète et si jeune. Bon, vous êtes encore jeune… En tout cas, vous faites un fabuleux travail, je n'ai absolument rien à redire, mais…

— Mais… ?

— Oui, il y a un « mais » Ève… Je ne vais pas tourner autour du pot pendant deux heures. La société rencontre des difficultés financières depuis plusieurs mois et la situation s'est fortement dégradée ces dernières semaines.

— Pourquoi ne pas en avoir parlé plus tôt aux équipes ?

— Je pensais que cela allait s'améliorer, que nous parviendrions à reconquérir de nouveaux prospects pour renflouer les comptes. L'un de nos gros clients n'a pas payé sa facture, malgré de multiples relances. C'était un contrat important, consommateur de temps et de ressources. Il ne se rend pas compte de la situation dans laquelle il nous a mis ! J'ai tenté, en vain, de trouver des solutions, mais là, je n'ai plus beaucoup d'alternatives. La banque ne nous suit plus… Les caisses sont vides ! Je vais devoir licencier quelques personnes. C'est une question de survie de l'entreprise.

— Et je fais partie des heureuses élues j'imagine ! ajoutai-je d'un ton glacial.

— Croyez-moi, ce n'est pas de gaité de cœur Ève ! Je n'ai simplement pas le choix… Cette décision n'a rien à voir avec vous, vos compétences, ou encore votre travail. J'ai simplement décidé de me séparer des trois dernières personnes arrivées dans l'entreprise.

— Ok…

— J'imagine que vous êtes déçue Ève, mais je vous le répète, je n'ai pas le choix.

— On a toujours le choix ! rétorquai-je.

— Ce n'est pas si simple que ça. Mettez-vous à ma place… Croyez-vous que je prenne du plaisir à dire à mes collaborateurs que je vais devoir les renvoyer ?! me répondit-il d'un ton désabusé.

— Non, mais ne vous justifiez pas… Je n'ai plus qu'à accepter votre décision. Que pourrais-je faire d'autre de toute façon ? En ce moment, là, je regrette simplement d'avoir quitté mon précédent employeur pour rejoindre votre entreprise il y a quelques années…

— Je le comprends Ève. Je ne sais pas quoi vous dire. Je suis désolé.

— Mieux vaut ne rien dire alors. Quand mon licenciement sera-t-il effectif ?

— Dans un mois. Je dois m'occuper des papiers administratifs.

— C'est entendu. À plus tard. »

Je quittai le bureau sans dire un mot de plus. J'étais complètement abasourdie et dépitée. Le couperet venait de tomber. J'allais être au chômage ! Bonjour Pôle Emploi… Les larmes commencèrent à envahir mes yeux. Je partis m'isoler dans les toilettes. À cet instant, je voulus rester seule, ne croiser le regard de personne. Je m'étais personnellement investie dans mes missions. J'avais mis ma vie personnelle de côté, pour performer professionnellement. J'avais travaillé jusque très tard en soirée. Je trouvais cela tellement injuste de subir ce licenciement… Le sort semblait s'abattre sur moi, et ce depuis ma plus jeune enfance. Toute ma vie était un semblant d'échecs. Tous ces moments difficiles défilèrent dans ma tête en accéléré. Après une rupture familiale, et des déboires sentimentaux, l'heure était maintenant venue d'affronter une déception professionnelle pour m'engager dans une lutte acharnée afin de trouver un nouvel emploi. Il ne manquait plus que cela ! Les émotions envahirent mon corps tout entier. J'eus des vertiges, des fourmillements dans les bras et les mains, un nœud à l'estomac. J'eus de plus en plus chaud, et je sentis mes jambes flageller. Ma vision devint floue et je commençai à entendre un bourdonnement dans mes oreilles. J'eus terriblement peur. Mon corps tomba soudainement de toute sa hauteur pour s'étaler sur le sol des sanitaires, immobile. Je perdis connaissance.

Encore allongée par terre, j'entendis des voix lointaines autour de moi : « Ève, Ève, tu m'entends… Ève, si tu m'entends, serre-moi la main ! ». J'ouvris légèrement les yeux, éblouie par la lumière tamisée.

À cet instant précis, je ne me souvins de rien. Qu'est-ce que je faisais là, au milieu des toilettes, allongée sur le flanc, les jambes repliées, et ma main sous ma tête ?

« Ça va Ève ? » me demanda mon directeur

Je fis signe que oui.

« Tu nous as fait une de ces peurs ! Reste assise, et reprends tranquillement tes esprits.

— Mais… que s'est-il passé ?

— Ça serait plutôt à toi de nous le dire, Ève…

— Je me rappelle juste être entrée dans les toilettes, répondis-je.

— Nous avons entendu un énorme bruit qui a résonné dans nos bureaux, et en venant voir ce qu'il se passait, nous avons trouvé porte close… Personne ne répondait. Nous sommes allés chercher un tournevis pour déverrouiller la porte. Nous t'avons trouvée inconsciente au milieu de la pièce. Tu as fait un malaise Ève. Les pompiers vont arriver d'une minute à l'autre pour t'emmener à l'hôpital. À mon avis, tu devras passer quelques examens… »

L'ambulance arriva une dizaine de minutes plus tard et me transporta à la clinique la plus proche. Une infirmière me prit en charge et me demanda si je souhaitais qu'on prévienne des proches. Je n'osai pas appeler mon père. Il allait être fou d'inquiétude, et il était en Normandie, à plus de 250 kilomètres de chez moi… Mon petit frère, lui, était en voyage à l'étranger. Mon mari ou mon conjoint avait disparu de ma vie quelques mois plus tôt ! N'ayant personne à prévenir, je répondis à l'infirmière que cela n'était pas nécessaire.

Je fis toute une batterie d'examens. Le verdict tomba en fin d'après-midi.

« Mademoiselle Libau, je suis le Docteur Roux. Vous êtes en bonne santé. Vous avez dû subir un choc émotionnel, qui a provoqué ce malaise vagal. Cela s'explique par une baisse soudaine de la tension artérielle. Vous auriez pu vous blesser en tombant, mais par chance, vous n'avez aucune séquelle. Vous allez devoir vous reposer Mademoiselle ! On m'a expliqué qu'on venait de vous annoncer votre licenciement quand cela est arrivé… C'est bien cela ?

— Oui…

— Je vous conseille de lâcher prise, de prendre un peu de recul sur cette situation mais aussi par rapport aux évènements de la vie d'une manière plus générale.

— Lâcher prise ? lui répondis-je d'un air étonné et suspect.

— Oui Mademoiselle. Vous avez bien entendu. Je comprends que cette annonce vous ait perturbée, mais vous êtes encore jeune. Prenez quelques jours de congés, partez à la campagne, faites de la sophrologie ou apprenez la méditation, mais détendez-vous… C'est important. La vie est belle, la vie vous appartient !

— Non, la vie n'est pas toujours belle ! La preuve aujourd'hui…

— Ne dites pas cela, vous êtes encore sous le choc. Vous pouvez aussi vous faire accompagner, si vous en ressentez le besoin.

— Non, mais je ne suis pas folle !

— Je n'ai pas dit ça, Mademoiselle… Simplement, il faut parfois apprendre à se détacher de certaines choses, pour trouver le bonheur. Puis, cela vous évitera aussi de faire des malaises. Vous auriez pu vous blesser sérieusement. Je vais devoir vous laisser, d'autres patients m'attendent. En tout cas, soyez rassurée, vous allez très bien. Vous avez simplement besoin de repos. »

Le médecin partit en me faisant un petit signe de la main, en guise d'encouragement. J'étais à la fois fatiguée et terriblement agacée. Je venais de faire un malaise, et la seule chose que l'on me conseillait était de lâcher prise ! J'avais décidément tout entendu aujourd'hui. Et puis, cela signifiait quoi « lâcher prise ». C'était tellement facile à dire, et pourtant si difficile à faire… Du repos ?! Bien sûr que j'en avais besoin. Je travaillais depuis que j'avais 18 ans, pendant toutes les vacances scolaires. J'avais combiné études et petits boulots pour payer mes frais de scolarité. J'avais changé de job à plusieurs reprises, renonçant ainsi à mes jours de congés. Je ruminais contre moi, contre mes proches, contre mon directeur, contre… la Terre entière ! Ma vie redéfila dans ma tête à grande vitesse. Je repensai à mon enfance, puis mon adolescence, et enfin à mon entrée dans la vie adulte. J'avais aujourd'hui 33 ans, aucun homme pour m'accompagner chaque jour et m'aimer, pas d'enfant alors que l'horloge biologique continuait de tourner, maintenant sans emploi et diagnostiquée en « surmenage », et tout cela, c'était sans penser à ma famille déchirée… Quel sens donner à ma vie ? J'avais tellement souffert dès ma plus tendre enfance. Pourquoi avais-je dû vivre toutes ces épreuves ? Tout me semblait tellement injuste ! J'avais livré un véritable combat contre la vie. Ah, la résilience, j'en connaissais bien la définition. Mais maintenant, j'étais au pied du mur, je n'avais plus grand-chose à perdre…

Une infirmière arriva à ce moment-là pour me donner l'ordonnance du médecin, mon arrêt de travail et quelques recommandations. Je repartis chez moi, seule, avec ces médicaments, ces anxiolytiques, ce week-end de repos, mais surtout toutes ces inquiétudes, ces doutes et ces questions existentielles qui pesaient désormais sur mes épaules. Je les sentis lourdes, écrasantes. Mes jambes tremblèrent, je fus désorientée. J'eus mal, et je souffris tant intérieurement qu'extérieurement.

Lâcher prise

« Parfois, lâcher prise est un acte plus puissant que se défendre ou s'accrocher. »
Eckhart Tolle

Dans cette solitude totale, je m'allongeai dans mon canapé. Je n'eus pas envie de manger, ni même de regarder la télévision, encore moins de lire ou de sortir. La vie s'écroulait sous mes yeux, le sol se fissurait progressivement, le vide se faisait de plus en plus profond ; bref, le néant !

Je pris mon téléphone pour consulter mes mails et les dernières actualités sur les réseaux sociaux, comme pour occuper mon esprit. Indiscutablement, le lâcher-prise devait commencer par une totale déconnexion de ce monde virtuel, ne serait-ce que pendant quelques jours. J'étais devenue accro, comme tant de personnes, pour ne pas dire des millions. À la moindre notification, je dégainais mon téléphone pour ouvrir l'application et découvrir le message, l'info, le « like » sur l'un de mes posts. Une addiction ! Pire qu'une drogue, c'était presque une obsession. J'existais encore par mon téléphone et ces liens virtuels, souvent irréels. J'avais fait la connaissance de belles personnes, mais pas seulement… Ma vie manquait cruellement de sens, voilà le triste constat que je faisais ce jour-là.

Je décidai d'appeler mon amie Cathy ; elle saurait m'être de bon conseil dans cette période tourmentée. Elle avait une place chère dans mon cœur. Avec elle, j'avais connu l'amitié, la vraie, l'authentique, celle que l'on n'oublie pas. Après quelques sonneries, elle décrocha…

« Salut Cathy, c'est Ève.

— Ah, quel plaisir de t'avoir. Je pensais justement à toi ce matin, mais je n'ai pas encore eu le temps de te contacter. Tu m'as devancée ! Comment vas-tu ?

— Ben, écoute, c'est pas trop la forme. C'est dur, compliqué même…

— Ah bon ! Mais qu'est-ce qu'il t'arrive ?

— J'ai fait un malaise ce matin à mon travail. J'ai dû aller aux urgences, car j'ai perdu connaissance.

— Tu es encore là-bas ?

— Ne t'inquiète pas, rien de grave. Je viens de rentrer chez moi. Le médecin m'a conseillé de me reposer, et de lâcher prise. Il m'a aussi prescrit tout un tas de médicaments pour me détendre, mais je n'aime pas trop ça. Je ne sais pas quoi faire… Je me suis dit que tu pourrais me donner des conseils. Je ne sais même pas ce que cela signifie le lâcher-prise !

— Déjà, tu dois dormir, te reposer et te détendre. Ce malaise n'est pas un hasard. Ton corps t'envoie un message… Il ne tient plus, il est tombé. Tu me disais tout à l'heure « c'est compliqué ». Déjà, pour que ton cerveau mémorise que ce n'est pas compliqué, il est préférable de dire que « ce n'est pas simple ». Le cerveau n'enregistre pas la négation. Quand tu dis que « c'est compliqué », il retient que c'est compliqué. Quand tu dis que « ce n'est pas simple », il comprend que c'est simple. Il te sera beaucoup plus facile de remonter la pente ainsi. Lâcher prise, c'est faire preuve de détachement Ève. C'est accepter la situation telle qu'elle est, c'est aussi tolérer de ne pas tout maîtriser... À mon sens, ce n'est ni se résigner ni abandonner !

— J'ai appris, juste avant de faire mon malaise, que j'allais être licenciée…

— Vraiment ?

— Oui…

— Mais pour quelles raisons ?

— Difficultés financières de l'entreprise.

— Tu sais Ève, dans la vie, tout ne se passe pas comme prévu. L'idée est plutôt d'accueillir les difficultés et de réfléchir à la façon de mieux rebondir. Cela nous arrive tous à un moment donné, l'imprévu fait partie intégrante de notre quotidien. Nous devons constamment nous adapter... Certains événements sont hors de notre maîtrise, et nous ne pouvons agir sur eux. Nous n'avons que la possibilité de nous en accommoder. De la même manière, nous ne sommes pas responsables des pensées ou actions d'autrui.

— Et ça va me donner quoi de lâcher prise ? Ça ne changera pas la situation !

— Certes, mais ça te permettra de l'accepter ! C'est différent, totalement différent. Tu peux te lamenter sur ton sort pendant des années, ou l'accepter et changer. Toi seule peut créer ton avenir, tout est possible. Ne l'oublie jamais, conseil d'amie, Ève. Lâcher prise permet de se préserver, tout simplement. Quand les émotions prennent le dessus et deviennent plus néfastes, il est alors temps d'envisager de lâcher prise. Stresser va à l'encontre de notre épanouissement personnel, et peut même avoir des répercussions sur notre corps. Tu en as eu la preuve avec ce malaise, Ève. Je te le répète, mais ton corps t'a envoyé un signal, et il te faut l'écouter. Tu sais, on entend de plus en plus parler de burn-out, et cela peut arriver à n'importe qui, n'importe quand, quel que soit l'âge, quel que soit le métier, quelle que soit la fonction occupée. Il n'y a pas vraiment de règles. Nous pouvons parfois ressasser le passé, ou idéaliser le futur. Lâcher prise, c'est aussi reconnaître et accepter ses propres limites... Nous sommes avant tout des humains. Il faut savoir se préserver physiquement, mentalement, et même psychologiquement. Lâcher prise permet de retrouver un peu de calme intérieur, de sérénité. Par exemple, tu ne comprends pas cette décision de ton chef qui te licencie. Ce que tu dois retenir, c'est que cette décision n'est pas la tienne. C'est ton droit de ne pas être d'accord et c'est aussi ton choix d'y accorder de l'importance ou non. Tu peux essayer de convaincre ton interlocuteur que ce n'est pas la bonne solution, mais n'en fais pas une affaire personnelle, n'y consacre pas tout ton temps et toute ton énergie, car tu risques plutôt de t'épuiser. Il est préférable d'accepter cette situation. Penses-tu pouvoir changer sa décision ? Serait-ce une bonne chose d'ailleurs ? Ne t'emprisonne pas dans cette position, libère-toi de tes pensées et de tes croyances. Admettre de ne pas tout contrôler, c'est le premier pas vers ce fameux « lâcher-prise » mais aussi... vers la liberté. Puis tu ne le sais pas, mais il y a très probablement quelque chose de mieux qui t'attend ailleurs !

— Je comprends un peu mieux, mais comment fait-on pour lâcher prise ?

— Déjà, tu dois écouter et accepter tes émotions. Tu dois en prendre conscience, les admettre pour mieux les libérer. Si tu as envie de rire, rigole aux éclats ! Si tu as envie de pleurer, ne retiens pas tes larmes, laisse-les s'échapper…

— Et c'est tout ?

— Bien sûr que non ! Tu dois aussi accepter de ne pas tout contrôler et que tout ne puisse dépendre de toi... Chacun reste maître de son avis, de ses croyances, de son passé, de ses paroles, de son libre arbitre.

— Le libre arbitre ?! m'étonnai-je

— Oui, ce fameux pouvoir de décision… Chaque humain peut décider de sa vie, de son métier, de son entourage, de son lieu d'habitation, de ses convictions politiques ou religieuses…. C'est le pouvoir de choisir, d'agir, de penser, de prendre parti. C'est la volonté de s'affirmer et de se déterminer librement. Nous avons et aurons toujours le choix.

— Entendu, Cathy.

— Tu dois aussi identifier et poser tes propres limites. Il te faut parvenir à mettre ton mental en mode veilleuse et arrêter de te poser mille questions à la seconde.

— Hum… Et comment on fait ?

— La méditation est une idée parmi tant d'autres.

— Je ne me vois pas en position de bouddha, à faire des bruitages !

— Laisse-moi finir… Là, ton mental te met face à l'une de tes croyances, celle qu'il faut être assis en tailleur et faire des vocalises. Il y a plusieurs types de méditations. Je ne vais pas tout te détailler maintenant. La base de la méditation, c'est la respiration ! Retiens simplement que tu peux aussi trouver des activités qui aident à la déconnexion, et qu'il suffit de t'y coller dès que ton cerveau s'emballe. Sois à l'écoute de ton corps et ton esprit. Qu'est-ce qui te fait du bien ? Par exemple, quand tu fais quelque chose, et que tu ne penses plus qu'à ça…

— Je n'en sais rien moi !

— Ben réfléchis-y Ève, vraiment. Ressens ce qui te fait vibrer. Cela peut être de la peinture, de la danse, de la musique, du sport, du dessin, de l'écriture, de la lecture, de la cuisine, … Je ne peux pas trouver les réponses à ta place. Tu dois aussi apprendre à dédramatiser et à accueillir les différentes situations qui peuvent se produire, avec empathie et bienveillance, envers les autres mais aussi envers toi-même. Rien n'est tout noir ou tout blanc. Ce qui peut sembler négatif sur le moment est peut-être l'opportunité de faire différemment ou mieux et de vivre une expérience !

— Je vois, je vois… je vais réfléchir à tout ce que tu viens de me dire Cathy.

— Mais surtout, une dernière chose importante… tu dois respirer !!! Oui, tu RES-PI-RES ! C'est bien souvent oublié, et pourtant... sans air, pas de vie ! C’est ce qui permet d’oxygéner le cerveau et l’ensemble des cellules de notre corps. Inutile de faire montrer la jauge de stress en étant en apnée ou en hyperventilation. Trois grandes respirations ventrales. Tu inspires profondément et tu expires lentement. Tu dois sentir l’air gonfler ton ventre. Tu peux poser ta main dessus. Le calme devrait revenir rapidement... C'est la même chose avant une réunion durant laquelle on doit intervenir ; commencer par poser son souffle avant de prendre la parole évite bien des déboires. Quand tu sens les émotions t’envahir, accepte-les et respire.

— D’accord Cathy. On se revoit bientôt. Merci encore, tu es au top !

— Tu me donnes des nouvelles ?

— Oui, bien sûr ! Je t’embrasse. »

Vide de sens

« Le sens de la vie supprimé, il reste encore la vie. »
Albert Camus

Vendredi 13 octobre 2017

Je m'étais inscrite dans des dizaines d'agences intérim. J'avais aussi envoyé une bonne centaine de candidatures spontanées à différentes entreprises, et postulé à de nombreuses offres d'emploi. J'avais bien reçu des retours… malheureusement tous négatifs ! Je commençais à désespérer.

Quelques semaines s'étaient écoulées depuis ma notification de licenciement et ce malaise inattendu. J'étais retournée au travail dès le mardi suivant ; je considérais que je ne pouvais pas m'absenter, du moins pas trop longtemps. J'avais respiré. J'avais entendu les paroles de Cathy… Entendu, probablement pas écouté ! Je n'avais pas pris le temps de me poser pour réfléchir à ses conseils. Elle le savait. Elle m'avait rappelé. J'avais essayé de rebondir, d'accepter cette situation ; du moins, c'est ce que je pensais ! Comme si j'étais irremplaçable… Le temps passait si rapidement, inexorablement si vite. Je courais après ma vie, à défaut de lui trouver un sens. La réalité était encore plus dure que celle envisagée.

Mon contrat venait désormais de se terminer. J'étais désormais au chômage. Licenciée ! Quel horrible mot quand on n'a commis aucune faute. Je ressentais le vide le plus total, celui qui s'impose à nous quand notre vie est dénuée de sens. J'avais l'impression de subir tous ces malheurs. Plus j'y réfléchissais, plus je démoralisais. Je n'avais plus goût à sortir, à manger, à retrouver mes amis… Non, je n'avais plus envie de rien. Je m'isolais de plus en plus. Je pouvais passer des week-ends entiers, à porter ma combinaison fétiche Licorne, tel un zombie. Elle était si douce, si chaude, si réconfortante avec sa matière pilou pilou, à en faire fuir le facteur ! Je repensai à ce samedi, quelques jours plus tôt, où il était venu m'apporter un recommandé. J'avais alors ouvert la porte, la capuche sur la tête, avec la corne et les ailes apparentes. Il m'avait regardée de la tête aux pieds, le regard livide… et lucide. Mon teint était pâle, tout autant que mon pyjama. C'était sans compter les chaussons dinosaures, avec les griffes apparentes, que je portais fièrement. Il avait fait un léger pas en arrière… À ce moment-là, je m'étais dit « Qu'est-ce qu'elle a ma gueule ?! ». La chanson de Johnny Hallyday avait envahi mon esprit… Alors que je ne les connaissais pas, les paroles se mirent en musique dans ma tête pendant que je regardais le facteur, cet homme de petite taille à l'air un peu aigri :

« Quoi ma gueule ?
Qu'est-ce qu'elle a ma gueule ?
Quelque chose qui ne va pas ?
Elle ne te revient pas ?
Oh je sais que tu n'as rien dit
C'est ton œil que je prends au mot
Souvent un seul regard suffit
Pour vous planter mieux qu'un couteau »

Après plusieurs semaines de solitude et de journées ennuyeuses à mourir, je ressentis le besoin de partir me ressourcer à la campagne. J'avais désormais tout mon temps, sans aucune obligation familiale. Je décidai de prendre le train pour retourner en province quelques jours. J'allais séjourner chez mon papa. Cela m'aiderait, du moins je l'espérais, à retrouver le sourire et à ne pas rester seule dans ce moment de ma vie.

Retour aux sources

« Le souvenir est le parfum de l'Âme. »
George Sand

Dimanche 15 octobre 2017

La journée venait de commencer. J'étais arrivée dans le Calvados, au cœur du bocage normand. Je me levai le matin, dans ma chambre d'adolescente, sous le chant des oiseaux. J'y retrouvai mon immense lit, la décoration un peu datée avec des frises murales qui ornaient la tapisserie. Il ne manquait plus que les fleurs ! Je me sentis bien ici. Cela me rappela quelques souvenirs d'enfance, quand j'invitais mes amies à dormir chez moi le week-end. L'endroit était calme, très calme.

J'ouvris la vieille fenêtre en bois pour humer cette odeur pure et fraîche de la nature. On sentait à la fois l'humidité ambiante, et la chaleur douce du soleil naissant en ce début de journée. Mon papa habitait à la campagne, dans une ancienne maison entourée de champs. Il n'était pas dérangé par les voisins. C'était l'isolement le plus total ! Je profitai longuement de ces instants. J'observai le ciel d'un bleu profond, aux reflets dorés. Cela me changeait radicalement de la turbulence parisienne et de sa pollution atmosphérique, de l'air parfois gris et irrespirable. Après plus de trente minutes passées dans mon lit, emmitouflée dans les couvertures à humer cette fraîcheur sauvage, j'enfilai mon peignoir pour descendre prendre mon petit déjeuner. La table était mise, le café était encore chaud et quelques viennoiseries m'attendaient. Papa était déjà sorti, mais il avait eu la délicatesse d'avoir eu cette attention pour moi ce matin. Il me savait gourmande… Il voulait prendre soin de moi, comme chaque jour depuis ma naissance. Il s'inquiétait aussi de mon état. Il m'avait trouvé amaigrie et le teint très pâle.

Je pris le temps de déjeuner. Je scrutai la décoration environnante avec ces rideaux blancs devenus beiges par le temps et les rayons du soleil, cette cuisine en bois massif de couleur marron foncé, cette table en formica, ce chiffon usé par son utilisation répétée et ses nombreux lavages, ces casseroles aux motifs floraux accrochées au mur, cet évier de couleur beige foncé abîmé, ce calendrier de La Poste suspendu à côté du frigo et son éphéméride, mais aussi cette immonde tapisserie aux multiples motifs de cuisine. Heureusement, j'avais réussi à jeter lors de ma précédente venue les épis de blé poussiéreux accrochés à côté de la porte ! Je faisais un retour en arrière d'au moins quinze ou vingt ans, si ce n'était davantage… Indéniablement, la mode était franchement laide dans les années 90 ! Et encore, je ne contemplais que la cuisine. Dans l'escalier, c'était de la tapisserie murale de couleur rose pâle, fade devrais-je dire. Le temps semblait comme figé dans cette maison. Rien n'avait changé, rien n'avait bougé de place.

J'avalai mon café aux notes acidulées et amères, tout en croquant le bout grillé de mon croissant, dont l'excès de beurre avait suinté sur le sac en papier. Papa avait même préparé un jus d'oranges pressées par ses soins. Il y avait aussi sur la table ce journal local, qui était déposé chaque matin dans sa boîte aux lettres ; de petites habitudes qui composaient son quotidien, pas le mien. Entre les rubriques « Club de troisième âge », « Faits divers : le corps de la jeune Ophélie retrouvé sans vie » ou encore cette page « Avis de décès », il y avait de quoi vieillir avant l'âge et assombrir chaque journée qui passait. Lui aimait le lire, pas moi.

Je me levai de table pour contempler le champ qui dominait depuis la fenêtre de la cuisine. L'horizon semblait immobile et dépeuplé, avec pour seuls habitants quelques merles venant picorer les graines de culture fraîchement plantées. L'épouvantail en paille, vêtu d'une chemise à carreaux, trônait au milieu du champ. Piqué sur ce manche à balai, il ne semblait pas pour autant faire peur à ces voraces. C'était juste une illusion, sans grande efficacité.

Une illusion… Je repensai soudainement aux paroles de ce médecin. Comment faire pour lâcher prise ? Devais-je revoir mes croyances ? Quelles étaient-elles ? Le lâcher-prise, serait-ce une illusion ? Devais-je changer mon regard sur le monde ?

Plus le temps passait, plus j'avais l'impression de continuer ma descente aux enfers. Progressive, lente, douce, mais terriblement destructrice. Mes pensées vagabondèrent quelques instants. J'appelai Cathy. Elle savait toujours trouver les mots justes, qui rassuraient et apaisaient.

« Allô ?

— Salut Cathy, j'espère que je ne te dérange pas…

— Mais pas du tout voyons ! Comment vas-tu ?

— Je suis arrivée hier chez mon père. Maintenant que je suis au chômage, je vais prendre un peu de temps pour moi. J'avais besoin de le voir et d'être à ses côtés. Je dois lâcher prise…

— C'est une excellente idée, enfin ! Tu vas pouvoir te reposer et te ressourcer dans cet environnement. As-tu envisagé d'aller faire une balade en forêt ?

— En forêt ?

— Oui, au cœur de la nature, là où il y a des arbres par exemple.

— Je ne vois pas le rapport Cathy ! Qu'est-ce que les arbres ont à faire dans ma quête au lâcher-prise ?

— Les arbres sont vivants…

— Si tu le dis… J'ai du mal à y croire, mais bon.

— Ce sont tes croyances, Ève !

— Tu fais bien de parler de croyances. Je me posai quelques questions à ce sujet juste avant de t'appeler. Comment puis-je les identifier ?

— Déjà, tu dois en prendre conscience, pour pouvoir ensuite les admettre… Je vais te donner un exemple. Il y a quelques décennies, fumer était bien vu. C'était à la mode, c'était synonyme d'appartenance sociale. Pourtant, depuis quelques années, les recherches montrent que ce n'est pas bon du tout pour la santé ! Ce ne sont que des croyances, parfois véhiculées à coup d'effet médiatique. Il y en a tellement… Tu te souviens du slogan de ces bonbons « Haribo, c'est beau la vie » ? C'est surtout bon aux yeux des enfants, très bon pour les papilles, et énormément bon pour la société qui les fabrique et qui encaisse l'argent… mais ce sucre blanc raffiné et ces ingrédients utilisés, tout sauf naturels, sont un poison. Je vais te donner un autre exemple. Pendant de nombreuses années, l'être humain a cru que la Terre était plate... Pour autant, dès l'Antiquité, certains avançaient que notre planète était ronde ! Les croyances de jadis tendaient à "nier" l'évidence d'aujourd'hui.

— Je commence à comprendre…

— Nos croyances dépendent donc d'un ensemble de facteurs : notre famille, nos codes éducatifs, notre religion éventuelle, notre pays d'appartenance, nos histoires vécues, et même les campagnes publicitaires... Elles sont personnelles, et en conséquence différentes d'un individu à l'autre. Malheureusement, elles peuvent aussi être limitantes, et nous poussent parfois à émettre un jugement, comme tu l'as fait tout à l'heure à propos des arbres ! Tu penses détenir LA vérité, fonction de TA réalité...

— Je savais que tu pourrais m'éclairer Cathy !

— Ève, ne te contente pas d'entendre, écoute… Tu as la possibilité d'identifier et admettre tes croyances... en sachant cependant que c'est un travail personnel et parfois de longue haleine. Il te faudra te détacher de certaines idées remontant parfois à l'enfance, et peut-être bien plus loin encore. L'objectif est de prendre conscience de la réalité d'autres personnes, sans filtre ou jugement personnel, et ainsi s'ouvrir au monde extérieur qui t'entoure. N'oublie jamais que nous sommes tous différents. Il est fort probable que plusieurs réalités existent et soient singulières à chacun. C'est ainsi que tu pourras commencer à lâcher prise, doucement et progressivement, sur les épreuves de vie.

— J'ai compris.

— Tu peux aussi profiter de ton séjour en Normandie pour te ressourcer à la campagne, à la mer. Vis l'instant présent et apprivoise la nature.

— La forêt, mes croyances, la mer, et maintenant l'instant présent… je ne te suis pas là !

— Reprends tes yeux d'enfants, Ève, regarde ce que la nature t'offre et vis pleinement ce moment, en mettant tous tes sens en éveil, en faisant abstraction de tes propres croyances. Avec ta vue, observe ses couleurs ardentes et ses reflets irisés. Avec ton ouïe, écoute ses tonalités mystérieuses, animalières et subtiles. Avec ton odorat, hume son odeur aux multiples essences énigmatiques. Par le toucher, épouse avec tes mains ses formes atypiques, caresse ses surfaces lisses, rugueuses, ou poreuses. Ressens ses douceurs insoupçonnées, la brise qui effleure tes cheveux, le soleil qui réchauffe et illumine ton visage. Avec le goût, savoure l'acidité des framboises sauvages, dépose quelques gouttes d'eau salée sur la langue, déguste le sucre d'une pomme du verger… Bon évite tout de même de manger des champignons toxiques ! conclut Cathy sur un ton ironique.

— J'irai me balader en gardant tous ces conseils à l'esprit. Je vais prendre ce temps pour moi, vraiment. C'est le moment.

— Je te le conseille vivement. Je dois te laisser, mon rendez-vous vient d'arriver. Surtout, prends soin de toi, et n'oublie pas… respire, vis l'instant présent. Je te recontacte très vite. »

Ressource

« Disposer de temps est la plus précieuse
de toutes les richesses du monde. »
Socrate

Lundi 16 octobre 2017

J'avais langoureusement profité de la chaleur de la couette pour respirer l'air frais. J'avais longuement observé ce ciel par la fenêtre pour mieux en discerner sa beauté. J'avais lentement dégusté ces viennoiseries pour mieux en apprécier la saveur. J'avais délicatement fait couler le café contre mon palais pour mieux en savourer le goût. Pour une fois, j'avais envie de prendre mon temps et de profiter de cette journée ! Courir, métro, courir, boulot, courir, dodo… Cette vie marathonienne dénuée de sens me pesait de plus en plus. Cela tombait bien, elle n'existait plus aujourd'hui !

Je n'avais plus aucune activité personnelle. Ces derniers mois, ces dernières années même, mon agenda n'était organisé qu'au travers de mes rendez-vous professionnels. Je regrettais de ne pas avoir vu aussi souvent que je le voulais mes ami(e)s, de ne plus pouvoir pratiquer l'une de mes passions comme la danse, de ne pas pouvoir partager des moments de complicité avec l'Être aimé, désiré, et inlassablement rêvé. Malgré tout et au plus profond de moi, j'étais restée une enfant. Je croyais au prince charmant, qui viendrait me libérer et me demanderait en mariage dès le plus jeune âge. Voilà mon espoir ! Celui d'un conte de fée, comme ceux que l'on nous raconte dans les Walt Disney. Mes souvenirs réapparurent. Je l'avais longtemps imaginé, sur une magnifique plage de sable blanc, me prendre la main, se mettre à genoux, ouvrir une petite boîte contenant une sublime bague, me formuler avec des mots du cœur son souhait de me voir devenir officiellement sa femme et d'être mon mari. Mais cela, c'était trop demander. Ma vie était tout sauf une histoire de princesse ! Devais-je pour autant renoncer à mes rêves ? N'avais-je pas le droit d'y croire ? Bien sûr que si, mais ça me détruisait le cœur un peu plus chaque jour de n'avoir affaire qu'à des goujats, qui ne pensent bien souvent qu'à une chose, une seule... Loin de moi ces pensées, je préférai m'en détacher.

Je me rendis à l'étage pour y retrouver cette grande baignoire d'un horrible dégradé bleuté. Le carrelage mural respectait les codes décoratifs du reste de la maison. Des magnifiques fleurs bleues et roses ornaient la faïence. Ah oui, il y avait aussi ce bidet ! Je m'étais toujours demandé à quoi cette chose pouvait servir. Il était destiné au bain de mes poupées et baigneurs quand j'étais petite ! Je n'avais pas trouvé d'autre raison de m'en servir. Je m'interrogeais vraiment. Comment pouvait-on faire pour vivre quotidiennement dans cette atmosphère ?

Les paroles de Cathy résonnèrent en moi… mes croyances. En voilà une première. Mon travail intérieur pouvait enfin commencer. Peu importe la décoration finalement, cela faisait des années que je n'avais pu prendre un bain et j'étais bien décidée à me délasser dans l'eau, peu importe l'environnement ambiant. Mon appartement parisien ne comptait qu'une étroite douche, dans un espace clos étriqué de maximum 2 mètres carrés. Je pouvais sortir de la cabine et me laver les dents sans faire plus de deux pas. Du deux en un ! Quant aux toilettes, je devais me rendre sur le palier.

Je me fis couler un bon bain bouillant, où la mousse commençait à dépasser des parois. En même temps, j'avais vidé la moitié de la bouteille de gel douche et accessoirement, cela m'évitait d'apercevoir l'indescriptible couleur bleue de cette baignoire. J'aimais ensevelir mon corps sous la mousse, et sentir ces odeurs s'infuser dans la pièce avec l'humidité ambiante. J'aimais y mettre quelques gouttes d'huiles essentielles ylang-ylang, pour mieux me détendre. J'admis que cette couleur me paraissait vraiment moche, mais qu'elle pouvait plaire à mon papa. Je rentrai dans la baignoire, très doucement, un doigt de pied après l'autre, en essayant de ne pas m'ébouillanter au passage. Mon corps rougissait au fil des minutes. Homardine était de retour ! Je pris trois grandes respirations, je fermis les yeux et je m'assoupis un long moment.

Le bruit de la porte d'entrée me réveilla. Mon père était de retour à la maison. La mousse avait quasiment disparu de la baignoire. L'eau était devenue froide. Mais combien de temps avait-il pu se passer ? Je repris mes esprits et me lavai rapidement. En voulant sortir du bain, je m'aperçus que j'avais oublié de déplacer le tapis. Ma serviette était elle aussi restée à l'autre bout de la pièce, bien plus grande que les majestueux deux mètres carrés de mon appartement ! Je faillis tomber à la renverse en voulant attraper ma serviette, et je vins maintenant d'inonder le sol carrelé, bleu pâle lui aussi… Tout un camaïeu de couleurs, encore plus coloré que les abysses des Maldives !

Je descendis l'escalier pour aller embrasser mon père.

« Tu as bien dormi ? me demanda-t-il

— Comme un bébé !

— Tant mieux, comme à la bonne époque ! Manges-tu avec moi ce midi ?

— Tu sais, j'ai déjeuné tard, je n'ai pas très faim là… D'ailleurs, merci pour les croissants. Ils étaient vraiment bons. Le jus d'orange était délicieux lui aussi. Je pense que je vais aller me promener dans la forêt.

— Pas de soucis. Ça va te faire du bien. On dînera ensemble. J'ai pas mal de choses à faire cet après-midi. Je ne vais pas revenir avant 19h.

— D'accord. Tout sera prêt quand tu vas renter papa. J'irai acheter ce qu'il faut pour te préparer un bon repas. Cela va me changer les idées de cuisiner. »

Je fermai la porte de la maison pour monter en voiture, et je fis un petit signe de la main pour dire au revoir à mon père qui me regardait par la fenêtre. Je pris alors la direction d'un bois, à quelques dizaines de kilomètres de la maison familiale, à Mondeville précisément. Il fallait que je me change les idées. Pour cela, je repensai aux conseils de Cathy. Je devais me concentrer sur le monde environnant, me ressourcer au contact de la nature, et laisser tous mes a priori de côté. Cette forêt, du moins ce parc communal, ne m'était pas inconnu, car j'y allais souvent étant jeune. À peine arrivée, les souvenirs ressurgirent, comme par magie... Alors que je passai sur un pont en bois, enjambant un petit cours d'eau stagnante, j'aperçus cette ancienne locomotive vert foncé. À l'époque, je pouvais grimper sur les deux grandes marches pour me hisser à l'intérieur et jouer avec l'immense volant, tel un conducteur de train. Je sautais sur le sol de toutes mes forces pour faire raisonner de la tôle sous mes pieds. Aujourd'hui, ce train n'était plus accessible, car très certainement jugé trop dangereux. Il était entouré d'un haut grillage. Quel dommage… Je serais bien remontée dedans, même à 33 ans ! Les nouvelles normes de sécurité ont parfois la vie rude.

Je continuai mon chemin. J'observai au loin une aire de jeux. Les enfants étaient tous joyeux et insouciants. Ils couraient, rigolaient, crapahutaient, descendaient des toboggans, hurlaient, faisaient de la balançoire. Il y avait beaucoup de vie à cet endroit. Je me revis alors petite, lorsque j'arpentais les allées tout en sautillant, lorsque je ramassais feuilles et noisettes sur le sol au beau milieu de tous ces grands arbres, lorsque je descendais les chemins à toute allure avec mon vélo. Je me souvins aussi cette cascade que j'avais faite. La roue avant de mon bicross avait buté contre une épaisse racine d'arbre qui barrait la route. Arrivant à grande vitesse dans cette descente, je fus immédiatement stoppée. Mon vélo fit un soleil, et mon corps se retrouva éjecté du vélo quelques mètres plus loin. Mes parents accoururent aussitôt, alertés par mes hurlements. Par chance, je n'avais rien de cassé, seulement quelques égratignures. Je n'étais pas une grande cascadeuse, et cette expérience avait eu le mérite de m'apprendre à être plus prudente ! J'avais eu très peur, et mon vélo était bien mal en point après cette chute. Mes parents avaient tenté de me consoler à leur façon, comme ils le pouvaient quand un enfant ne cesse de pleurer. Une question me vint alors en tête : qu'est-ce qui m'empêchait de revivre ces moments, tel un enfant insouciant ?

J'empruntai l'itinéraire conseillé. Mon regard se dirigea vers un immense arbre biscornu, avec ces formes hors du commun. Il avait un énorme tronc, et ses branches partaient dans tous les sens, à l'image des racines invisibles qui parcourent le sol sous terre. Cet arbre avait encore un beau feuillage aux couleurs orangées. Les premières étaient tombées au sol, pour y former un épais manteau de feuilles mortes. Les rayons de soleil perçaient au milieu de la forêt, pour mettre en lumière certaines zones, certains endroits bien particuliers. C'était beau à voir, à observer, à contempler. J'avais les yeux d'un bambin qui découvre la vie, les premières couleurs, les premiers sons, les premières odeurs. J'entendis les oiseaux dans les feuillages, qui se déplaçaient d'arbre en arbre, tout en sifflant une douce mélodie dans un langage inconnu. Ils dialoguèrent entre eux, en parfaite harmonie avec la nature. Le temps parut figé, mes pensées se stoppèrent pour se concentrer sur ce moment étourdissant, ce paysage étonnant, cette scène bucolique. Je m'arrêtais quelques minutes pour observer ce que la nature m'offrait. J'avais rarement vu un tel spectacle. Seule, impassible, je ressentis pourtant une vague de calme, de sérénité et d'amour m'envahir, au plus profond de mon Être. Bien souvent, je m'étais baladée sans même prêter attention à l'environnement ambiant. Je m'étais contentée de regarder droit devant moi, le regard insipide, l'esprit pollué par toutes ces petites choses quotidiennes et insignifiantes. Je ne vivais pas. Je n'avais jamais réellement profité. J'étais juste l'ombre de moi-même…

Je repartis ressourcée de ce bois, totalement apaisée. Cette promenade m'avait fait le plus grand bien. Mes poumons étaient rechargés d'air pur et frais. Les soucis des derniers jours étaient comme par enchantement sortis de mon esprit. Plus rien ne semblait avoir d'importance, hormis cette attention portée à la nature. Était-ce de cela dont m'avait parlé Cathy, vivre l'instant présent, prendre le temps d'observer qu'elle avait de plus beau à nous offrir, percevoir une autre réalité jusqu'alors inconnue ?

Plaisir

« L'esprit s'enrichit de ce qu'il reçoit,
le cœur de ce qu'il donne. »
Victor Hugo

Je venais de rentrer chez mon père, avec la ferme intention de préparer un bon repas. J'avais fait quelques courses pour l'occasion, et j'en avais profité pour acheter une bonne bouteille de vin rouge, un Château Neuf Du Pape. Je n'avais rien à fêter, si ce n'était de retrouver quelques jours mon papa et de profiter de ces instants avec lui. La maison était vide, ou presque ; seul le chat Mistigri m'accueillit. Il arriva vers moi et frotta son corps contre mes jambes. C'était un vieux matou, de type chartreux avec de beaux yeux dorés. Il était doux, très affectueux, sans l'ombre d'une quelconque agressivité. Ses seules proies demeuraient les souris et insectes volants ou rampants ! Je m'assis sur le fauteuil du salon, et je lui fis signe de venir sur mes genoux. Je pris quelques instants pour le caresser, le câliner. J'aimais l'entendre ronronner à mes côtés et malaxer ses pattes avant contre mes genoux. Ses yeux se refermèrent progressivement, tant il se sentit en confiance. Quant à moi, je fus sereine et détendue en sa présence. Les chats auraient-ils de supers pouvoirs ?

Mon téléphone sonna. C'était un texto de mon amie Axelle, que l'on surnommait « La rebelle ». Elle était simple, rigolote. Elle était sérieuse sans se prendre au sérieux, une qualité trop rare pour la laisser filer. Elle pouvait se montrer très perfectionniste, professionnelle, et se comporter en même temps comme une ado de quinze ans. Elle n'avait pas sa langue dans sa poche, et on l'appréciait autant qu'on pouvait parfois la détester pour sa sincérité. J'admirais le charisme qui la caractérisait, et ce d'autant plus parce que je la connaissais au-delà des apparences. Elle dégageait ce petit quelque chose en tant que femme. Cela pouvait faire peur, et cela faisait aussi fuir plus d'un homme. C'était une amie de lycée, que j'avais retrouvée en emménageant à Paris. Elle faisait partie de ces personnes pour lesquelles un lien existe, sans pour autant savoir l'expliquer. Nos différences nous complétaient l'une et l'autre, tout autant que nos ressemblances nous rapprochaient. Dans son message, Axelle m'informa avoir vu une annonce, par le plus grand des hasards, au troquet du coin. Elle ne buvait jamais de café, car elle prenait rarement le temps de se poser. Cette annonce était, selon elle, susceptible de m'intéresser. Elle m'envoya alors une photo et je pris connaissance de l'offre d'emploi. Je ne sus qu'en penser. Une candidature de plus, pour recevoir un refus ou alors une absence de réponse de plus ? Je remercierai Axelle plus tard, et j'appellerai le lendemain au numéro indiqué avant d'envoyer un énième dossier. Finalement, un de plus ou de moins ferait peu de différence. Je commençais à perdre espoir et patience. Je venais d'arriver chez mon père, j'avais passé une bonne journée de détente, ce n'était pas pour repenser à tous mes soucis de recherche d'emploi. J'avais besoin de prendre un peu de recul. Là, j'avais envie de préparer le dîner, de cuisiner quelque chose de bon et raffiné, de faire plaisir à celui qui avait toujours été là pour moi, de lui témoigner mon amour en simple retour à toutes ses attentions particulières depuis ma naissance. Je n'étais pas très démonstrative de mes sentiments, et lui non plus. Cela devait être de famille. Mais ces petites attentions, c'était notre façon de nous montrer que l'on s'aimait malgré tout, en dépit de la distance et du temps qui passait.

Je m'attelai en cuisine pour y préparer des crèmes dessert au chocolat, une recette de ma grand-mère paternelle. Elle était très simple et si facile, inratable, mais surtout, excellente ! Son goût était unique, inimitable... Je savais déjà que papa serait content de retrouver cette saveur d'antan, comme pour lui rappeler son enfance. Je mis les cinq cent millilitres de lait à bouillir avec cinq petits morceaux de sucre. Pendant ce temps, je mélangeai dans un bol cinq cuillères à soupe rase de Maïzena avec deux grosses cuillères bombées de mon chocolat préféré, du

Nesquick, comme pour les enfants ! Je délayai ce mélange avec un peu de lait froid pour obtenir une consistance homogène. Quand le lait fut suffisamment chaud, je versai cette préparation dans la casserole. Je continuai de mélanger au fouet délicatement, tendrement, pendant une petite minute. Je versai ensuite la crème dans des petits pots en verre, comme si je déversai mon amour et toutes ces années passées. Le chat ne manqua pas de venir se frotter contre mes jambes, lui aussi aimait lécher la cuillère. Je m'attaquai ensuite à la préparation de la blanquette de veau, une recette à l'ancienne, dans la cocotte en fonte familiale et vieille de plus de 20 ans. J'aimais le goût des plats préparés dedans, comme une saveur ancienne.

Je mis la table, et je n'omis pas de servir quelques petits morceaux de viande fraîchement préparés, à Sir Mistigri. Il se lécha les babines, et miaula comme pour en redemander une portion. Papa arriva à ce moment-là et se dirigea vers moi.

« Coucou. Dis-donc, ça sent bon par ici ! Que nous as-tu cuisiné ?

— Ahah, tu verras tout à l'heure, c'est une surprise ! lui répondis-je

— Ta journée s'est bien passée ? me demanda-t-il

— Impec ! Je suis allée me promener en forêt, ça m'a fait un bien fou… et toi ?

— Oui, comme d'hab, la routine quoi, enfin… il m'en est arrivé une bonne à la pharmacie.

— À la pharmacie ? répondis-je d'un ton étonné

— Oui, j'y suis allé pour chercher mes cachets pour la thyroïde. J'attendais tranquillement quand on commença à entendre klaxonner de toute part dans la rue. C'était l'heure de pointe ; j'ai pensé qu'il y avait de l'animation dans le village, pour une fois. J'ai même dit à la pharmacienne que les gens étaient bien excités aujourd'hui pour faire autant de bruit, jusqu'au moment où une dame est entrée dans la boutique pour demander à qui était la voiture au milieu de la route ! Eh bien, c'était la mienne !!! Elle bloquait toute la circulation, bouchon gigantesque dans le pays…

— Mais comment est-ce possible ? Tu as abîmé ta voiture ?

— Non, non… En fait, il y a une petite pente devant la pharmacie, et j'ai oublié de mettre le frein à main ! Du coup, la voiture est doucement redescendue sur la route, pour bloquer tout le monde.

— Mais heureusement que personne ne t'est rentré dedans !

— Ça, c'est sûr. Tu aurais vu la voiture, immobile en travers de la route ! Je ne me suis pas fait huer, mais pas loin… Ils étaient tous énervés, ajouta-t-il en rigolant.

— Tu m'étonnes !!! »

La soirée se poursuivit tranquillement. Papa fut content de goûter mes préparations, notamment ces crèmes au chocolat, au goût incomparable. Il reconnut de suite la provenance de la recette, et me fit un clin d'œil, en pensée à sa maman, ma grand-mère. Elle nous avait quittés quelques années plus tôt. Elle avait déjà survécu à notre maladie familiale, mais son corps fut abîmé par les traitements. Elle reposait désormais en paix, dans les abîmes des profondeurs de nos cœurs. Il m'arrivait assez souvent de penser à ma famille disparue, principalement le soir avant de me coucher, dans des moments de solitude, de calme mais aussi d'égarement. J'en pleurais parfois. Je crois que j'avais peur de croiser ce chemin de la mort, celui qui nous sépare, un jour. Je gardais en mémoire tous ces souvenirs, ces repas en famille, ces moments inoubliables et de joie, mais surtout je revoyais son sourire. Je me souvenais de sa gentillesse et de sa douceur. Je l'appelais « Mamie glace », car elle me proposait souvent des glaces, aussi et surtout quand je faisais des bêtises enfant !

Une fois le dîner passé, je retournai m'isoler dans ma chambre, pour y écouter un peu de musique et terminer le livre que j'avais emprunté à la bibliothèque. J'aimais allier la musique aux mots. Il m'arrivait parfois de griffonner quelques lignes par ci, par-là, comme des pensées dont on tend à se libérer, ce qui m'apaisait avant le coucher.

Doute

« Ne vous découragez pas. C'est souvent la dernière clé du trousseau qui ouvre la porte. »
Paulo Coelho

Mardi 17 octobre 2017

Je me réveillai contre mon gré. Le chat était venu me rendre visite dans mon lit, et n'avait rien trouvé de mieux que de me lécher le visage avec sa langue râpeuse. Il ronronna, et sembla content de me trouver ici. Je mis quelques minutes à émerger. J'ouvris la fenêtre de ma chambre pour y faire rentrer l'air frais, puis je descendis prendre mon petit-déjeuner. Comme la veille, papa avait pensé à tout… S'il y avait bien un homme qui prenait soin de moi, c'était lui ! La maison était vide, il était déjà parti au travail. Je regardai par la fenêtre, un magnifique soleil régnait sur la plaine. Je m'étais rapidement habituée à observer la nature, pour mieux la contempler. Après quelques minutes d'égarement, mes pensées me ramenèrent à la dure réalité. J'étais au chômage, chez mon père !

L'horloge afficha 11h11. Je retrouvai l'offre d'emploi, envoyée par mon amie Axelle. Je pris mon téléphone et composai le numéro indiqué dans l'annonce. Au bout de quelques sonneries, une femme me répondit.

« Elena Marteau…

— Bonjour Madame, excusez-moi de vous déranger, je vous appelle au sujet de l'offre d'emploi paru dernièrement pour un poste de chef de publicité.

— D'accord, je peux vous proposer un entretien avec notre directeur jeudi. C'est assez urgent, ajouta-t-elle d'une voix ferme et décidée.

— Euh… oui bien sûr ! répondis-je très étonnée par cette proposition pour le moins surprenante et déconcertante.

— Parfait, je bloque l'agenda. Puis-je prendre votre nom s'il vous plaît ?

— Ève Libau.

— Nous vous attendons dans nos locaux jeudi, pour 16h. Bonne journée Madame. »

Le téléphone raccrocha, avant même que je n'ai eu le temps de dire merci ou au revoir. Je ne savais que penser de cet échange… Cette dame ne m'avait demandé aucune information sur moi, mon parcours, mes diplômes, mes expériences. Je pensai soudainement à une mauvaise plaisanterie ! Comment était-ce possible ?! Axelle ne m'aurait jamais envoyée une offre d'emploi bidon. Elle savait ô combien j'allais mal depuis l'annonce de mon licenciement. Et surtout, il ne me restait que quelques jours à passer auprès de mon papa si je devais être de retour à Paris jeudi, alors même que je venais d'arriver chez lui. Et si cette offre d'emploi n'était pas pour le poste indiqué ? Un traquenard, un emploi dissimulé ou non déclaré ? Je n'allais pas en plus rentrer à Paris si vite, pour un échec supplémentaire… J'avais déjà donné ces derniers mois ! Je commençais tout juste à me sentir bien en province, au calme, au cœur de la nature. Me vint l'idée d'annuler le rendez-vous ou de rappeler pour demander plus d'informations à cette dame, mais je me ravisai.

J'allumai finalement l'ordinateur pour effectuer quelques recherches, car je ne pouvais laisser ces questions en suspens. Ah, ce foutu mental, il était toujours présent celui-là ! J'eus besoin de me rassurer sur la réalité de cette offre, sur l'entreprise. Je commençai à lire le contenu, page après page, pour m'imprégner des informations indiquées.

Temple intérieur

« Mon corps est un jardin,
ma volonté est son jardinier. »
William Shakespeare

Je pris une rapide douche chaude. Je laissai l'eau couler le long de mon corps, comme pour le purifier et permettre à toutes ces pensées de glisser. Je savonnai délicatement ma chair, amincie, pour que la mousse vienne tendrement effleurer ma peau si sèche. J'avais un beau corps, mais je ne l'acceptais pas réellement. Comme beaucoup de femmes, je lui trouvais toujours des défauts, que moi seule voyais. En même temps, je ne pouvais pas dire que j'en prenais grand soin, par manque de temps principalement. J'avais désormais quelques plaques de psoriasis, soudainement apparues depuis l'annonce de mon licenciement. Fruit du hasard, ou rébellion de mon corps, c'était aussi l'un de ces signes dont mon amie Cathy m'avait si souvent parlé. Là encore, je l'avais entendue, elle, tout autant que cette alerte, sans réellement l'écouter.

J'avais si peu pris soin de ce temple intérieur, que cela se voyait désormais à l'extérieur. Mes premières rides étaient apparues, quelques cheveux blancs aussi, et des cernes ombraient mes yeux. Le manque de sommeil, trop souvent agité, ajouté à une bonne dose de stress quotidien n'y étaient certainement pas pour rien. C'était sans compter sur mon alimentation, qui n'était pas des plus équilibrées. J'avais assez souvent des ballonnements, des migraines, mais je composais avec, à coup de médicaments miraculeux. Je n'en voulais plus, je n'en pouvais plus ; ce temps était révolu, terminé. Ce corps était mien, il était aussi de mon devoir de lui apporter le meilleur, ce que lui souhaitait, ce dont lui avait réellement besoin. Ce corps, mon corps, celui sans lequel je ne serai déjà plus là… La vie m'avait pourtant déjà montré son importance. Plusieurs fois j'aurais pu mourir, rejoindre le ciel ou la terre ! Les souvenirs de ces moments douloureux réapparaissaient soudainement, violemment. Je pris conscience de l'importance de mon corps, de ma vie, de ce que je voulais faire. Je m'étais déjà battue pour garder la vie sauve. J'avais connu les hôpitaux, dès le plus jeune âge. Je voulais vivre, oui, VIVRE ! Je murmurai ce mot… maintenant je voulus le crier, haut et fort.

Encombrée de toutes ces pensées, je me rendis dans le jardin, pour y enlever quelques mauvaises herbes, comme pour effacer ces calomnieuses pensées, ces dures journées, ces mois passés. L'automne était là, l'hiver se préparait. J'y apportai mon aide, en nettoyant chaque allée de fleurs, revenues à l'état de sommeil. C'était ce temps de régénérescence, comme celui que je m'offris à cet instant précis. Je me sentis vivante auprès de la nature, qui m'offrait généreusement ses trésors. Je voulus jouir de ces dernières heures ici, là, maintenant, et simplement vivre ce moment présent. Profiter de ce jardin, c'était aussi l'occasion de m'offrir un temps pour moi, rien que pour moi. J'en avais besoin, réellement, depuis si longtemps. Je savourai chaque instant de vie, au gré de mes envies, loin de tous les tracas du quotidien. Enfin, je pus respirer cet air frais, qui venait caresser mes cheveux, pour les soulever. Je ressentis ce souffle dans mon cou, sur le bout de mes doigts. Je touchai délicatement trois rosiers : un rouge, la couleur du cœur ; un blanc, la couleur de la pureté ; un jaune, la couleur du soleil. Ils n'avaient plus de pétales, mais je les imaginais, comme pour voir mon cœur rayonner. La rose était, pour moi, un puissant symbole : celui de la femme, celui de l'Amour, celui de la passion. Je l'avais fait tatouer dès mon plus jeune âge sur le corps. C'était à cette étape de ma vie de femme, celle de la fin de l'adolescence, celle où j'étais en droit de décider seule. Il était à un endroit où l'on ne pouvait le voir lorsque j'étais au travail. Je ne voulais pas que l'on me juge, à cette époque, sur l'un de mes choix, comme par difficulté à affirmer qui j'étais. Pourtant, je l'aimais ce dessin, il était une partie de moi. Avec le temps, sa couleur noire était devenue bleue, grise. Il me suffisait de tourner la tête pour le voir. J'aimais le toucher, le caresser. Ma peau avait absorbé toute l'encre sans y laisser la quelconque trace. Ses contours demeuraient réguliers. Il avait maintenant quelques années, mais il était resté intact dans sa forme, tout comme dans mon esprit. J'aurais tant aimé voir mon cœur éclore à l'image de cette rose…

Déconcertant

« La créativité, c'est percer le banal
pour trouver le merveilleux. »
Bill Moyers

Jeudi 19 octobre 2017

« Bien, j'ai étudié votre candidature au poste de chef de publicité. Votre parcours est intéressant. Visiblement, vous vous êtes renseignée sur notre entreprise…

— Oui, tout à fait ! répondis-je

— On va gagner un peu de temps alors ! Je suis toujours surpris de voir des candidats qui postulent sans connaître l'entreprise. Bref, cela existe, et cela ne semble pas être votre cas ! C'est déjà un bon point de départ n'est-ce pas ?!

— Tout à fait.

— Avez-vous des questions sur notre société ?

— Non… pas pour le moment. Comme je vous le disais dans ma lettre de motivation, votre entreprise est attractive.

Pour ces raisons, ce serait un plaisir de pouvoir rejoindre vos équipes, et partager cette aventure avec vous !

— Pouvez-vous vous présenter rapidement, et me parler de votre parcours ?

— Je m'appelle Ève Libau, j'ai bientôt 33 ans, je suis célibataire sans enfant. Après un baccalauréat scientifique, j'ai poursuivi mes études en marketing et communication, jusqu'à l'obtention de mon Master. Je suis d'origine normande, mais je suis venue à Paris pour le travail il y a plusieurs années maintenant.

— Est-ce que la vie parisienne vous convient ?

— Disons que je m'y suis habituée. Ce ne fut pas facile les premiers mois, mais aujourd'hui, je n'envisage pas de retourner vivre en province.

— Oui, j'imagine que ce n'est pas simple de s'acclimater à la turbulence parisienne. J'ai vu que vous aviez quitté votre précédent employeur récemment. Pouvez-vous m'en expliquer les raisons ?

— Oui, bien sûr. L'entreprise pour laquelle je travaillais depuis plus de deux ans se portait très bien il y a quelques années. Je me suis vraiment épanouie dans mes missions. J'y ai beaucoup appris. Nous avons subitement perdu beaucoup de contrats. Je n'en connais pas les raisons, si ce n'est un nouveau concurrent qui affichait des tarifs agressifs et une politique différenciante. Ce qui devait arriver arriva ; un jour mon patron m'a annoncé que l'entreprise allait devoir se séparer de quelques collaborateurs, pour motif économique. Il n'avait pas le choix. La banque refusait de le suivre financièrement. Il devait faire des économies, et vite, pour ne pas mettre en péril l'ensemble de la société. Sur une équipe de quinze collaborateurs, il a dû en licencier trois… Il a préféré se séparer des dernières personnes qui avaient rejoint l'entreprise, ce que je comprends parfaitement. Dernier arrivé, premier parti !

— D'accord. Ce sont effectivement des choses qui arrivent. Le principal, dans cette épreuve, est de savoir rebondir. Pouvez-vous me parler des missions que vous avez menées dans vos précédentes fonctions ? »

Pendant une bonne demi-heure, je décrivis mes expériences passées : les entreprises pour lesquelles j'avais travaillé, leurs clients et leurs spécificités, les missions qui m'avaient été confiées, les objectifs que j'avais atteints, les enseignements que j'avais reçus, les formations que j'avais suivies… Le recruteur m'écouta attentivement, sans m'interrompre, sans me poser aucune question. Étrangement, il ne prenait aucune note. Il se contentait de m'observer et même de me fixer. Cela en devint presque gênant. Il plongea son regard dans le mien, comme s'il voulait y lire mes pensées. Je ne sus qu'en penser, ni même si mon parcours l'intéressait vraiment. J'essayai de garder mon sang froid, et ne pas faire monter plus encore ma jauge de stress.

« Bien, bien… Je vous remercie pour tous ces détails Mademoiselle Libau. Dites-moi, quelles sont vos principales qualités ?

— Je dirais que je suis… organisée et méthodique. J'aime le travail bien fait, je suis rigoureuse. J'aime aussi le contact humain, et je sais être force de propositions.

— Effectivement, la rigueur est essentielle pour ce poste… Mais il faut aussi savoir se montrer compréhensif avec nos clients donc la bienveillance et l'empathie sont de mise. Sans empathie, nous ne pouvons comprendre l'état d'esprit de notre interlocuteur et ce qu'il ressent. C'est une qualité importante selon moi, et que je recherche chez le candidat que je recrute. Et maintenant, quels seraient, selon vous, vos défauts ?

— On dit qu'on a souvent les défauts de ses qualités. Je suis exigeante envers moi-même, peut-être trop parfois…

— Envers vous-même seulement ?

— Oui, principalement…

— Vous vous doutez bien que ma question n'est pas anodine… Quand on est exigeant avec soi-même, on l'est bien souvent avec autrui. En fait, ces personnes qui ont un niveau d'exigence élevé attendent au moins la même chose chez d'autres personnes. Bon, je vous laisse poursuivre…

— Euh… je peux aussi me montrer impatiente. J'aime que les missions qui me sont confiées avancent. Je dirais aussi que je suis une personne réservée et sensible, mais je fais en sorte que cela ne se voit pas dans le milieu professionnel. On peut tout me dire, simplement il y a la façon de l'exprimer. Après, j'accepte volontiers la critique. Je la considère constructive et elle me permet de progresser.

— À vous écouter, être sensible est un défaut ?

— Dans le milieu professionnel, je pense que ça peut en être un, oui.

— Je ne suis pas totalement convaincu de cela, ajouta-t-il en fronçant les sourcils. Je pense qu'il suffit d'apprendre à exploiter sa sensibilité correctement, pour savoir se défaire des émotions envahissantes. Nous aurons peut-être l'occasion d'en reparler plus longuement. Avez-vous des passions ou des loisirs ?

— J'aime cuisiner, et j'ai pratiqué de la danse pendant plusieurs années. J'ai arrêté en m'installant à Paris, mais j'ai l'intention de reprendre des cours prochainement.

— Intéressant… Et quel type de danse faisiez-vous ?

— J'ai pratiqué plusieurs styles très différents et assez variés. J'ai commencé par de la danse classique puis contemporaine dès l'école primaire. J'ai également suivi des cours de Salsa, Bachata, Modern'Jazz, ...

— Ok. »

Le recruteur se mit à regarder par la fenêtre, et sembla comme perdu dans ses pensées… Je ne vis pas ce qu'il y avait d'intéressant dehors : il pleuvait, le ciel était gris, et je ne discernai pas grand-chose à l'horizon. Puis, il tourna la tête vers moi et me fixa de nouveau :

« Vous m'avez parlé de vous, mais qu'est-ce que vous pourriez apporter à notre société ? Pour résumer, donnez-moi une raison de vous embaucher !

— Je suis d'un naturel positif. Je dis souvent « Il n'y a pas de problèmes, mais que des solutions ». Je sais me surpasser pour atteindre les objectifs fixés. J'aime les défis.

Je mettrai à votre profit mes compétences et mes différentes expériences professionnelles passées, pour mener à bien les missions qui me seront proposées.

— Diriez-vous que vous êtes intuitive ?

— Que voulez-vous dire ?

— Avez-vous parfois des idées un peu farfelues ou très originales ? Et les écoutez-vous ?

— Je ne manque pas d'idées, mais de là à les écouter…

— On va faire un test rapide, si vous le voulez bien. Je vais penser à un chiffre entre 1 et 10. Concentrez-vous sur moi, regardez-moi droit dans les yeux, et dites-moi le premier chiffre qui vous vient en tête ! C'est bon ?

— Oui, répondis-je timidement. Comme ça… le 5 !

— Je vous donne une seconde chance Mademoiselle, j'en prends un autre. Maintenant ! Quel chiffre ?

— Euh… le 7 ?! »

Le recruteur marqua une pause et me fixa, droit dans les yeux, pendant plusieurs dizaines de secondes, tout en faisant tourner son stylo métallique avec ses doigts. Il demeura étonnement calme. Ce silence me parut interminable ! Je l'observai, et je me demandai ce qu'il pouvait bien penser. Puis il reprit la parole d'une voix douce, toujours avec ce petit sourire en coin.

« Vous savez Ève, pour l'emploi que nous proposons, comme pour beaucoup d'autres d'ailleurs, il faut savoir écouter ses idées, son intuition… Ce n'est pas un exercice facile, mais ô combien efficace et surprenant ! Dans ce poste, la personne sera amenée à faire des propositions commerciales, et devra trouver LA nouveauté, celle qui fera LA différence. C'est un pari ! Il faut savoir faire preuve d'originalité et de créativité. Je suis convaincu qu'intuition et créativité sont intimement liées. Il faut réussir à se détacher de ce que nous sommes habitués à voir ou même à croire, pour ainsi faire émerger une idée pleine de singularité. Notre rôle est d'anticiper les besoins de nos clients. Nous devons nous différencier de nos concurrents, et pour cela, il est nécessaire que nous ayons une longueur d'avance ! Regardez votre précédente expérience, du jour au lendemain, tout peut changer. Les besoins des clients évoluent, les offres des entreprises aussi. Il faut savoir retirer ses œillères, avant qu'il ne soit trop tard… Je ne dis pas ça pour vous, mais comprenez que je cherche avant tout quelqu'un de créatif et d'audacieux, conclut-il d'un ton assuré.

— Je comprends Monsieur. »

Je fus complétement déstabilisée. Mon visage se ferma progressivement. Et lui continua à m'examiner avec insistance, à décrypter le moindre de mes faits et gestes.

« Avez-vous des questions, notamment sur les missions confiées ?

— Non, tout est très clair pour moi. L'offre d'emploi était déjà bien précise…

— Dans ce cas, je vous remercie, Ève. Ah oui, dernière question, vous êtes disponible de suite je suppose ?

— Oui Monsieur.

— Je vais réfléchir à votre candidature. Je vous recontacterai dans quelques jours pour vous donner ma réponse. Je vais me décider cette semaine, c'est urgent. »

Il se leva de sa chaise, et m'invita avec sa main à prendre la direction de la porte. Je revêtis mon long manteau noir en laine. J'arrivai à son niveau, il me serra alors la main, tout en me fixant, vigoureusement. Son regard, ce regard… Il y avait tant de profondeur. Il pouvait m'effrayer tout autant qu'il pouvait me rassurer.

Je ressortis du bureau dubitative, perdue, sans trop savoir quoi penser. À vrai dire, j'étais même un peu déçue de moi… Je me dirigeai alors vers la station de la ligne 5, pour rentrer à mon appartement. Le métro arriva, je m'engouffrai à l'intérieur et je m'assis sur un siège solo. Les gens étaient tristes, éteints et fatigués de leur journée. Pas un son de voix, seuls les bruits assourdissants des trains roulant sur rails se firent entendre.

Je repensai à ces échanges, en me disant que je n'aurais pas dû donner ces réponses là au recruteur, Luc Pillon. Je visualisai alors à son allure, lorsqu'il était venu me chercher à l'accueil de l'agence de publicité. Plutôt bel homme, la cinquantaine maximum. Il était grand et mince. Il avait les cheveux grisonnants, coiffés avec une mèche sur le côté. Ses yeux marrons affichaient de grands cils. De style assez BCBG, il portait un jean slim brut et des derbies en nubuck marron. Le col de sa chemise blanche dépassait de son pull fin col en V de couleur noir. Une force inébranlable se dégageait de sa personne. Il avait un charisme déconcertant, tout comme ses questions d'ailleurs ! Ce fut le pire entretien de ma vie !

Les dernières questions posées par ce Directeur marketing, communication et publicité m'intriguaient, et me hantaient même. Que voulait-il dire en parlant d'intuition ? Comment faisait-on pour l'écouter ? Quel était ce lien entre intuition et créativité ?? Avait-il cru que je manquais d'empathie, de bienveillance, d'audace ??? Et si, et si, et si… Autant d'interrogations qui se bousculèrent dans ma tête. Je commençai à en avoir la migraine ; encore, une de plus. C'était toujours la même chose lors d'un entretien, on imaginait pleins d'interrogations, on prévoyait des réponses bien ficelées, c'étaient finalement des questions auxquelles on n'avait pas pensé qui nous étaient posées ! Cela m'énervait, vraiment. La colère monta en moi, je le sus, je le sentis. Mon tempérament sensible m'apportait souvent des émotions… D'ailleurs, j'aurais tant aimé pouvoir me défaire de ces émotions envahissantes, pour reprendre ses propos, mais comment faire ?!

« Tu te fais du mal Ève, arrête d'y réfléchir… » pensai-je. Les stations de métro défilèrent, et mon regard s'arrêta soudainement sur une affiche. J'y aperçus rapidement la phrase : « L'avenir est en route ». Si seulement….

Échappatoire

« Au milieu de la difficulté se trouve l'opportunité. »
Albert Einstein

Une fois rentrée chez moi, je m'affalai sur mon canapé. Cette journée me laissa un arrière-goût en bouche assez amer. Elle fut éprouvante, à différents niveaux. J'étais revenue de province, pour faire cet entretien.

Tout commença par une panne de réveil ; signe peut-être que j'aurais dû rester couchée ! J'appelai ensuite mon gynécologue pour prendre un rendez-vous. Une fois par an et comme toutes les femmes, je devais m'y rendre pour un petit bilan général. Je n'aimais pas particulièrement ce moment, pas du tout même. Tout commençait par un rapide échange, la prise de poids, et ensuite arrivait la palpation des seins ! Utile, mais fortement désagréable et dérangeant ! Puis, le frottis… ah, un grand bonheur ! Rien que la position me rendait mal à l'aise, et le seul fait d'y penser ne me donnait déjà plus l'envie d'y aller. Voir, ou même imaginer, ce speculum raidissait l'ensemble de mon corps. « Détendez-vous Madame » me disait-il à chaque fois. Ouais, c'était plus facile à dire qu'à faire… Mais bon, ce suivi annuel était nécessaire et permettait d'éviter bien des complications par moment. Je me rappelais à chacun de ces rendez-vous de cette amie, pas beaucoup plus âgée que moi, qui avait eu un cancer du sein à 35 ans. Elle était jeune encore, si jeune, si belle. La maladie aura tenté de s'emparer de son corps, et de sa vie. Elle avait tardé à aller chez le médecin malgré une petite grosseur à la poitrine. Le verdict était tombé malheureusement trop tard : chimiothérapie nécessaire, et ablation du sein pour éviter une récidive. Il aurait fallu qu'elle soit prise en charge quelques mois plus tôt pour empêcher tous ces déboires, ces hospitalisations à plusieurs reprises, cette mastectomie et les conséquences désagréables telles que la perte de ses cheveux. Se faire retirer un sein, c'était une dure épreuve à surmonter dans la vie d'une femme. À défaut d'avoir eu raison de sa vie, la maladie avait affaibli son corps, pour le modifier à jamais. Une cicatrice qui restera gravée corps et âme. La prudence était donc de mise ! Comme disait mon grand-père, « Mieux vaut prévenir que guérir » …

Vers midi, alors que je venais d'arriver à Paris, mon père m'appela pour me dire que mon oncle John venait d'être hospitalisé en urgence, sans que cela soit finalement d'une grande gravité fort heureusement. Cette nouvelle m'attrista bien entendu, mais je pris conscience une fois de plus que la santé était primordiale, et la vie parfois courte. Sans corps, pas d'existence ! Finalement, mes problèmes personnels étaient anodins, et je leur accordais peut-être trop d'importance… J'allais retrouver un emploi, je devais arrêter de m'inquiéter sans raison.

Enfin, la journée se termina par ce fameux entretien d'embauche, le clou du spectacle ! Rien ne s'était déroulé comme je l'avais imaginé. Les questions du recruteur et les réponses données hantèrent mon esprit. De toute façon, je ne pouvais plus revenir en arrière, il était trop tard… Il me fallait impérativement me détacher de ce souvenir.

Je fus bien décidée à me changer les idées, à ne pas rester seule dans mon petit studio le soir venu. Je venais d'être licenciée. Cela faisait maintenant six mois que je m'étais séparée de Thomas. Notre histoire avait duré trois ans ; deux années de bonheur et une année plus difficile. Nous avions pour projet d'acheter un appartement et par la suite d'avoir un enfant. Nous étions sur le point de signer chez le notaire, mais j'avais subitement été submergée de peurs et d'angoisses. Encore des émotions, toujours des émotions… Je n'arrivais plus à dormir la nuit, je voyais les heures et les minutes défiler sur l'horloge réfléchissante au plafond. Les disputes avec Thomas étaient de plus en plus fréquentes. Une distance s'était naturellement créée entre nous. Nous n'avions plus les mêmes envies, ni le même mode de vie, et c'était sans parler de nos opinions qui étaient aux antipodes. Nous étions devenus si différents…

presque indifférents l'un envers l'autre. Après de longs échanges, nous avions décidé de nous quitter en bons termes, et de ne pas s'engager davantage dans une relation qui ne durerait pas. Nous avons donc annulé notre rendez-vous chez le notaire. J'ai quitté notre domicile un vendredi soir. Thomas, lui, était resté vivre dans l'appartement dans lequel nous vivions. Quant à moi, j'avais retrouvé un petit studio, au sixième et dernier étage sans ascenseur d'un vieil immeuble haussmannien. Enfin si, il y avait un très bel ascenseur entièrement vitré et en fer forgé noir, mais il ne me permettait pas d'accéder à la partie de l'immeuble où était mon logement. Les marches de l'escalier principal étaient revêtues d'un magnifique tapis rouge… mais moi, je devais emprunter l'escalier voisin, beaucoup moins glamour ! Cet appartement, un ancien logement de bonne, était à proximité de mon lieu de travail ; c'était pour cette raison qu'il avait retenu mon attention. C'était étroit à l'intérieur, mais j'avais aussitôt ressenti un sentiment de bien-être en le visitant. Je n'avais pas hésité une seconde. C'était celui-là que je voulais ! Cela me changeait de la maison familiale où j'avais vécu étant jeune. Ma chambre d'enfant devait faire au moins deux fois la superficie totale de ce studio. Les murs étaient de couleur crème. Le parquet ancien et martelé par les talons des anciens locataires donnait un charme si particulier à cet appartement lumineux. Mais surtout, l'atmosphère qui y régnait me rassurait. C'était une sensation étrange et inconnue, mais si agréable… J'avais comme l'impression d'y être déjà venue, ce qui était absolument impossible pourtant. J'avais alors déposé un dossier, qui fut aussitôt accepté par les propriétaires. Après un état des lieux sommaire, j'avais pu emménager dans mon nouveau cocon, quelques mois plus tôt.

Les minutes passèrent. Je fus perdue dans mes pensées, immobile, toujours allongée sur mon canapé-lit, la tête posée sur mon coussin en fausse fourrure blanche. Mon regard se dirigea vers la lucarne du salon. Un puit de lumière se forma sous mes yeux au milieu de l'épais manteau nuageux. Les rayons du soleil illuminèrent la ville. Le ciel s'éclaircit petit à petit. Je ne sus qu'en penser, mais en tout cas, c'était magnifique à observer. Je décidai alors d'appeler mon amie La Rebelle, qui décrocha au bout de deux sonneries.

« Salut Ève. Comment vas-tu depuis l'autre jour ?

— Bien et toi ?

— Un peu fatiguée, mais ça va.

— Je voulais te proposer d'aller boire un verre avec Cathy, ce soir au Street Pub… Mais si tu es fatiguée, on remet à plus tard.

— Non ce n'est pas grave…

— C'est comme tu veux Axelle, ce n'est pas une obligation tu le sais. On peut programmer ça un autre soir si tu préfères.

— Si, si, je vais venir avec vous, ça va me faire du bien de sortir un peu de chez moi. Puis je me reposerai ce week-end !

— Je passe te chercher si tu veux. Vers 21h, est-ce que ça te convient ?

— Impeccable.

— Ok, je préviens Cathy. À tout à l'heure. »

Je posai mon téléphone sur ma petite, pour ne pas dire miniature, table basse. Je mis un peu de musique. Les tonalités vocales et instrumentales m'encouragèrent rapidement à danser un peu. La musique était pour moi une échappatoire. Quand je dansais, je ne pensais à rien, mais surtout je me laissais transporter au gré de mes envies et de mon imagination. Je me levai du canapé, et mon corps se mit en mouvement au rythme de la musique, malgré les quelques mètres carrés disponibles. Je me détendis, je me laissai totalement aller. Personne ne pouvait m'observer dans mon studio, personne ne pouvait me juger, c'était MON moment. Peu importe le type de musique, j'aimais danser, me défouler pour retrouver progressivement le sourire. Néanmoins, j'appréciais particulièrement les tonalités instrumentales, surtout les intonations de piano, couplées à quelques paroles douces et ponctuelles. Il m'arrivait même de faire quelques vocalises, mais je dansais bien mieux que je ne chantais. De quoi faire venir la pluie pour un bon mois ! Une heure passa dans cette ambiance détendue.

Le moment était venu de manger et de me préparer à sortir. J'ouvris alors la porte du frigo, et je constatai avec dépit qu'il était presque vide. Il ne restait que quelques tranches de jambon, trois yaourts qui se disputaient l'étagère, et un petit sachet de salade dont les feuilles commençaient à se désagréger. Depuis ma séparation d'avec Thomas, j'avais perdu l'habitude de manger le soir, et je n'allais faire les courses qu'en cas de grande nécessité. Je me dis à cet instant qu'il était grand temps d'y penser le lendemain. L'appétit n'était pas là, je n'avais pas faim… ou plutôt, disons que rien ne me donnait envie ! Je filai rapidement dans la salle de bain pour me poudrer le visage et redessiner le contour de mes yeux. Je passais un coup de brosse dans mes longs cheveux blonds. On croyait souvent que je faisais un balayage, mais il n'en était rien. J'avais une magnifique chevelure à deux couleurs, blond ambré et blond platine. Il suffisait que je prenne le soleil pour qu'elle retrouve un éclat et une lumière incomparable. Des jolies mèches blondes faisaient alors naturellement leur apparition. J'enfilai ensuite mon manteau, je chaussai mes escarpins à hauts talons aiguilles et quittai mon appartement pour rejoindre mes amies.

Échange

« Les rencontres les plus importantes
ont été préparées par les âmes
avant même que les corps ne se voient. »
Paulo Coelho

Nous arrivâmes toutes les trois au Street Pub. Nous nous retrouvions souvent là-bas, pour y prendre un verre ensemble le soir, après notre journée de travail. La décoration du bar était de type industriel : le sol en béton ciré, les murs en parements gris, la lumière douce et tamisée. On pouvait s'y installer confortablement sur les canapés ou fauteuils club en cuir marron vieilli, avec des petits tourets en bois faisant office de table basse. Il y avait aussi des tables hautes en acier noir avec un plateau en bois rustique, mais aussi de grandes chaises hautes. C'était un endroit agréable, pour ne pas dire familier, et très chaleureux. J'aimais y passer du temps.

Nous retrouvâmes le gérant Cédric, un homme sympathique et souriant, ayant la trentaine. Il avait une barbe longue brune, des cheveux très courts sur le côté avec une grande mèche sur le dessus. Son style était assez « old school ». Ce soir-là, il portait un jean délavé, une chemisette à carreaux laissant apparaître ses imposants tatouages sur ses bras, et des tennis d'un style rappelant celui des années 80.

« Bonsoir Mesdemoiselles. Quel plaisir de vous voir ce soir !

— Salut Cédric, le plaisir est partagé, tu le sais ! enchérit Axelle.

— Je vous sers quoi à boire ?

— Un mojito s'il te plaît, dis-je.

— Pour moi aussi, ajouta Cathy.

— Je vais prendre une limonade, conclu Axelle.

— Tu es bien sérieuse ce soir Axelle, s'étonna Cédric.

— Comment ça ? Tu sous-entends que je ne suis pas sérieuse d'habitude ?? ajouta-t-elle en rigolant.

— Ah mais je n'ai pas dit ça… Ne jamais faire de supposition, répondit-il en souriant.

— Non mais je suis fatiguée ce soir, alors je préfère ne pas prendre d'alcool.

— C'est parti. Deux mojitos et un soft. Je vous apporte tout cela Mesdemoiselles ! »

Avec Axelle, nous nous installâmes dans un canapé et Cathy sur le fauteuil en face.

« Quel plaisir de prendre un verre ensemble, commença Cathy.

— Oh ouiiii… comme tu dis ! ajoutai-je

— Comment s'est passé ton entretien ? me demanda Axelle

— Je ne sais pas trop quoi penser… Mon avis est plus que mitigé. Le recruteur m'a posé des questions étranges !

— Étranges ? C'est-à-dire ?

— Il m'a parlé d'intuition, de créativité, d'empathie, d'audace aussi.

— D'intuition ? s'étonna Axelle

— Oui, tu as bien entendu ! Il m'a même demandé de deviner des chiffres auxquels il pensait !

— C'est pas vrai… Il est fou ? A moins que ce soit un illuminé celui-là ! ajouta Axelle en ricanant

— Non, je ne crois pas, il avait l'air de maîtriser son sujet en tout cas, répondis-je. Il était d'un calme déconcertant. Il me fixait longuement, droit dans les yeux, et m'observait très attentivement. Ça m'a bien déstabilisé d'ailleurs.

— Tu sais Ève, ce n'est pas délirant de parler d'intuition et de créativité. J'ai lu un article à ce sujet la semaine dernière. Et on peut deviner bien des choses ou avoir de belles idées grâce à l'intuition ! ajouta Cathy.

— Ah oui ? Ben j'aurais aimé lire ton article avant d'aller à mon entretien ! On verra bien, de toute façon, c'est fait. Toute la journée a été compliquée… enfin… n'a pas été simple. C'est pour cela, j'avais besoin de sortir ce soir, pour me changer un peu les idées. Et vous, comment se passe le boulot ?

— La routine pour moi, je poursuis mon chemin… répondit Cathy

— Rien de nouveau non plus, enfin pour le moment… enchérit Axelle. Disons que l'ambiance ne s'arrange pas au boulot. Il est vraiment temps que je change, je vais terminer par faire un burn-out si cela continue !

— À ce point-là ? demandai-je

— Oui… c'est vraiment épuisant… déprimant même ! Le moins que l'on puisse dire, c'est que l'humain n'est pas au cœur de leur préoccupation. Seule la performance compte…

— Tu as essayé de chercher ailleurs ? De plus en plus d'entreprises accordent de l'importance à la qualité de vie au travail et au bien-être de leurs salariés, lui dis-je.

— Non, pas encore ! Il va vraiment falloir que je me réoriente. Cela fait maintenant onze ans que je travaille à la compta dans cette boîte et j'ai fait le tour. Et puis, ce n'est plus possible avec mon chef ! C'est de pire en pire… Tu parlais d'empathie tout à l'heure… eh bien ce mot ne doit pas faire partie de son vocabulaire !

— Que tu te réorientes ? demanda Cathy

— Oui, je dois faire autre chose… Le problème, c'est que je ne sais pas quoi encore.

— Suis ton intuition Axelle, écoute ton cœur ! répondit Cathy en lui faisant un clin d'œil.

— C'est vrai que tu es passé par là aussi toi, Cathy.

— Oui. La route fut longue et me sembla interminable. La formation que j'ai suivie m'a pris beaucoup de temps, mais elle m'a permis de prendre conscience de mes ressentis et de développer mon fluide. On en a tous plus au moins, mais on ne le sait pas toujours. J'ai beaucoup appris, et j'ai continué de travailler tout ça, jusqu'à ce jour où j'ai décidé d'en faire mon métier… Cela ne s'est pas fait du jour au lendemain ; il aura fallu du temps, mais aussi beaucoup de patience et de persévérance. J'ai dû faire des choix, prendre des risques. On n'obtient rien sans rien dans la vie.

— C'est un peu flou pour moi tout ça… On entend tout et son contraire à ce sujet. Est-ce que tu crois que ça existe vraiment le magnétisme ? demanda Axelle

— Bien sûr ! Je n'aurais pas suivi cette formation sinon, et surtout, je n'aurais pas pris la décision d'en faire mon métier. Axelle, tu as beaucoup de préjugés et de croyances… pas toujours justes pour toi, et peut-être même limitantes. À ta décharge, c'est vrai qu'il y a aussi bon nombre de charlatans, qui discréditent un peu la profession. Axelle… eh, oh, tu ne m'écoutes plus là…

— Oui, excuse-moi… Je regardais ce mec là-bas. Je ne sais pas si tu as remarqué Ève, mais il t'observe discrètement depuis tout à l'heure. Je crois que tu as un admirateur ma belle…

— Alors disons qu'il m'observe autant que moi, ajoutai-je en rigolant. Ceci étant, il est plutôt bel homme ! Quand il est rentré tout à l'heure, mon regard a aussitôt été attiré par lui, et un frisson a parcouru mon corps. C'est étrange, c'est la première fois que je ressens cela !

— Un frisson ? me demanda Cathy

— Euh… oui…

— Quand même ! Ton cœur a parlé on dirait… me dit-elle en souriant.

— Je ne vois pas comment mon cœur peut parler !

— Ça serait un peu long à expliquer, et je ne suis pas sûre que tu sois prêtre à l'entendre. Nous aurons sûrement l'occasion d'en reparler…

— Pourquoi, aujourd'hui, tout le monde me dit « Nous aurons l'occasion d'en reparler », répondis-je d'un ton agacé.

— Ne t'énerve pas Ève, tes émotions sont en train de t'envahir là, me dit Cathy en tentant de m'apaiser.

— C'est sûr… j'aimerais bien qu'elles disparaissent d'ailleurs toutes ces émotions ! C'est pénible parfois toute cette sensibilité à fleur de peau.

— C'est une bonne chose d'avoir de la sensibilité comme tu en as, ajouta Cathy

— Ne me dis pas ça non plus… le recruteur m'a dit la même chose lors de mon entretien tout à l'heure ! Selon lui, être sensible n'est pas un défaut.

— Je suis de son avis Ève. Il te suffit juste d'apprendre à reconnaître et accepter tes émotions.

— Ouais… sûrement. De toute façon, ce n'est pas parce qu'il me regarde qu'il s'intéresse à moi, soupirai-je.

— Ne dis pas cela… pourquoi tu doutes ? ajouta Cathy

— Je ne doute pas…

— Ben si, là, tu doutes !

— Si tu le dis…

— Tu sais, du doute naît la peur. C'est l'un des plus grands blocages qui puissent exister… Ce qui vient de t'arriver est nouveau pour toi et tu as peur car tu sors de ta zone de confort. Donc des émotions émergent, mais comme tu ne les acceptes pas, elles deviennent envahissantes.

— Je ne te suis pas, là, Cathy ! lui dis-je

— Tu éprouves quelque chose en voyant cet homme. Il entre dans la pièce et toi, tu frissonnes. On parle de lui, et tu t'énerves. De son côté, il a les yeux qui pétillent quand il te regarde, mais tu refuses de le voir ou de l'entendre. Et comme ce ressenti est quelque chose que tu ne connais pas encore, tu as peur, tu doutes… Ton mental reprend le dessus, tu te dis que ce n'est pas possible, et ça empêche ton cœur de s'exprimer, m'expliqua-t-elle d'une voix douce et posée.

— Possible, dis-je en soupirant à nouveau ;

— Il est normal de douter, mais cela nous empêche d'agir. Je ne t'embête pas plus avec çà… Profite du moment présent ! conclut Cathy.

— Il est canon effectivement... Vas-y ! ajouta Axelle

— Non mais tu es sérieuse Axelle ?! Je lui dis « Salut, moi c'est Ève et tu me plais. Mon cœur a parlé, tu es l'homme de ma vie ! ». Je vais plutôt boire mon verre, et vous devriez en faire autant plutôt que de raconter des bêtises toutes les deux, dis-je en rigolant.

— Ce ne sont pas des bêtises Ève, me répondit Cathy. Il faut que tu prennes confiance en toi. Il faut que tu travailles l'estime que tu as de toi, pour ne plus douter. Cela te permettra d'avancer.

— J'ai entendu Cathy… mais c'est un peu trop psycho pour moi !

— Si tu l'as entendu, c'est bien… mais écouter est bien mieux ! Tu l'intégreras quand le moment sera venu. »

La soirée se poursuivit tranquillement. Je me détachai progressivement de la conversation entre Axelle et Cathy. Je continuai d'admirer discrètement ce charmant homme aux cheveux châtain clair. Je me perdis dans mes pensées et me mis à rêver…. Lui aussi m'observait discrètement. Nos regards se croisèrent, et au fil des minutes, nous nous fixâmes avec insistance. Ce fut une sensation étrange ; le temps semblait s'être arrêté, suspendu à jamais. Plus aucun bruit, plus aucun son. J'eus comme l'impression de communiquer avec lui. Mais, il ne vint pas me parler, réellement. Son regard me troublait. Je devais simplement rêver ! Peut-être qu'il n'osait pas venir me voir… Il me parut réservé. En tout cas, j'étais sur mon petit nuage en le regardant, comme perdue dans mes pensées les plus profondes.

Soudain, il se leva, attrapa son manteau et l'enfila. Il se tourna vers moi, et posa son regard sur le mien. Il me sourit discrètement pour la première fois depuis le début de la soirée. Il salua ses amis, puis me fit un signe de tête comme pour me dire au revoir. Je lui retournai un léger sourire en retour.

Cathy, me voyant perdue, absente, et ayant observé cette scène, me chuchota au creux de l'oreille « Ne t'inquiète pas Ève, il n'y a pas de hasard. Si tu dois le revoir, tu le reverras. Fais-moi confiance… ». Je ne savais pas si j'allais de nouveau croiser son chemin, mais ce n'était pas tous les jours qu'un homme retenait autant mon attention. Cathy venait de me parler de confiance en moi, elle avait peut-être raison. Ma rupture d'avec Thomas ne m'avait pas laissé indemne ; j'en avais souffert, quoi je veuille bien en dire. Peut-être avais-je peur : peur d'être déçue, peur de ne pas plaire, peur de tomber amoureuse, peur de souffrir, peur de m'engager, peur en l'avenir… J'allais devoir dépasser mes doutes, car ils créaient indéniablement des blocages. J'en venais à penser que Cathy avait finalement raison ! Elle était très douée pour cerner l'état d'esprit d'une personne. Elle était passionnée par la psychologie et tout ce qui concernait les sciences humaines. Elle était d'une grande empathie. Elle arrivait à ressentir les émotions des autres avec tant de douceur. Je l'admirais. Ses paroles étaient toujours bienveillantes et adaptées à la situation. Elle savait trouver les mots justes, ceux qui résonnaient en chacun de nous. Elle était si sereine, j'aurais aimé être comme elle en cet instant, apaisée.

Après quelques verres, nous rentrâmes chacune chez nous. Il était tard. Je n'avais pas d'obligations, ce qui n'était pas le cas de mes amies. Mon réveil ne sonnerait pas à 6h le lendemain, cette seule idée m'attristait. J'avais toujours travaillé. Je m'étais toujours levée pour faire quelque chose et construire ma vie. Aujourd'hui, elle était vide, vide de sens. Demain serait sans doute un autre jour, je devais persévérer. Dans les moments difficiles, mon père m'avait toujours dit « La roue tourne Ève ».

Rêve

*« Suis ton rêve. Si tu trébuches, n'arrête pas
et ne perd pas de vue ton objectif.
Continue vers le sommet, car ce n'est qu'au sommet
que tu auras une vue d'ensemble. »*
Amanda Bradley

Vendredi 20 octobre 2017

Cathy avait démarré son activité de thérapeute énergéticienne depuis plusieurs mois… Depuis le début, je lui disais « Je vais venir, c'est sûr… mais quand je serai prête ! ». Je m'étais enfin décidée à prendre rendez-vous quelques semaines plus tôt. Cette journée était particulière. Je devais me rendre à son cabinet dans l'après-midi, pour y recevoir mon tout premier soin énergétique. C'était ma fidèle amie qui allait me le faire, cela me rassurait énormément. Elle me connaissait bien maintenant. Je repensais alors à tout ce que nous avions vécu ensemble…

Nous avions connu des débuts difficiles toutes les deux, basés sur de l'incompréhension réciproque. Je ne voulais pas la rendre malheureuse, et mes paroles lui avaient fait de la peine. Cette situation m'avait profondément attristée. Un jour, je lui avais alors proposé qu'on aille déjeuner ensemble pour se parler « à cœur ouvert » et en toute sincérité. J'avais tenu à m'excuser de l'avoir blessée. J'avais voulu entendre son avis, ses regrets, ses émotions, pour comprendre et améliorer la situation entre nous. Je regrettais parfois ces débuts difficiles, mais cela ne faisait pas avancer. Je ne voulais retenir que le positif. Avec le recul, j'avais même compris que cette situation était nécessaire pour faire naître cette si belle amitié sincère entre nous. Cathy était mon amie, et je lui accordais toute ma confiance. Tout à coup, je réalisai qu'elle avait le même prénom que ma maman, que je n'avais pas vu depuis tant d'années… Elle ne devait pas le savoir, car je parlais peu de ma mère. J'avais trop souffert. J'avais fait son deuil il y a bien longtemps !

J'arrivai à son cabinet avec quelques minutes d'avance. Je détestais être en retard. C'était une belle maison ancienne, des années 1900, en pierres. Cathy m'accueillit chaleureusement, et m'invita à m'installer.

« Alors, dis-moi, que puis-je faire pour toi Ève ?

— J'ai cherché quelle excuse je pourrais trouver pour venir te voir… puis le besoin s'est naturellement fait ressentir. Je ne connaissais pas vraiment le motif, mais j'ai bien réfléchi. J'ai des addictions, au Coca par exemple, au chocolat aussi… Rien que d'y penser, j'en salive déjà ! J'en bois beaucoup trop, et j'ai pris le temps de regarder la composition de ces boissons, cela me fait peur ! Encore peur ! J'aimerais me libérer de cette cochonnerie ! J'ai aussi repensé à ce que tu m'as dit… le sucre et ces fameuses croyances limitantes. Nous en avions parlé. Tu m'avais proposé de tester quelque chose de différent, qui allait réveiller mon imagination et me libérer…

— Parfait, tu es donc prête ! As-tu besoin d'aliments sucrés à des moments particuliers, par exemple quand tu as une contrariété ?

— Comme ça, je ne sais pas… Oui, c'est possible effectivement.

— Essaye de repenser aux moments où tu as ce besoin de boire ou manger du chocolat par exemple… »

Plus je lui parlais, plus je me rendais compte du problème. Et j'admis assez rapidement, que tous ces excès n'étaient que compensation… J'abordai alors mon enfance, les larmes se mirent à couler le long de mon visage. J'avais connu des moments difficiles, et le fait d'en parler provoquait de vives émotions en moi. Je n'aimais pas discuter de cette période de ma vie, j'avais tourné la page et même refermé le livre depuis bien longtemps maintenant. Je ne pensais pas aborder toute cette partie de ma vie pour me libérer d'une addiction au sucre ! Moi qui voulais être rassurée pour affronter mes véritables peurs, me voici dans le grand bain, en deux temps et trois mouvements… Je continuai à me livrer, à me libérer de ces maux en y posant des mots.

« Je n'ai pas eu une enfance facile, avec un vécu parfois douloureux, le manque maternel… et voilà, un jour, tout ressurgit alors que tu n'as rien demandé ! Mais ce n'est pas grave, je sais que le chemin est encore long et les remises en question très fréquentes…

— Je le comprends Ève. Je vais te proposer de faire un rêve éveillé. Bien sûr, tu resteras consciente, tu continueras d'entendre ma voix. En quelques sortes, tu seras l'actrice de toutes les scènes, je ne ferai que t'accompagner... Tu n'auras qu'à visualiser les images qui apparaîtront, pour ensuite me les décrire afin que je puisse te suivre dans ce voyage. Je vais te soutenir par l'imposition de mes mains. Ensuite, quand nous aurons terminé le programme d'aujourd'hui, je t'inviterai à revenir à la pleine conscience et à ouvrir les yeux. Est-ce que cela te convient ?

— L'expérience me tente de plus en plus…

— Ève, tu vas rester consciente de tout ce qu'il se passe pendant cette séance. Disons que nous allons accéder à des parties inconscientes de ton esprit. Tu es consciente de tes peurs, mais inconsciemment, tu bloques cette émotion. Puis, tu le sais, tu as et tu auras toujours ton libre arbitre…

— Mon libre arbitre… encore lui !

— Oui, tu as le pouvoir de choisir, de dire oui ou non. Si ce qu'on te demande ne te plaît pas, tu refuseras de la faire, consciemment ou inconsciemment, tu trouveras une autre alternative. Personne ne peut t'obliger à faire quelque chose, qui irait à l'encontre de ton libre arbitre, de tes principes ou de tes valeurs. Cela vaut également pour une séance d'hypnose ou même dans la vie de tous les jours. Retiens bien que nous avons toujours le choix, quel que soit le sujet, quel que soit le moment… C'est toi qui vas créer ton histoire, moi je ne fais que t'accompagner. Ce n'est pas un hasard si tu es tentée par l'expérience d'aujourd'hui. C'est une bonne chose que tu veuilles travailler sur tes peurs, tes doutes et tes émotions. Il y a forcément quelque chose à comprendre, une raison d'être.

— Tout est très clair. J'ai hâte de commencer.

— Parfait. Je te propose alors de t'installer confortablement sur la table. Quand tu te sens prête, tu pourras fermer les yeux. Je vais te demander de penser à ce problème, cette addiction au sucre dont tu voudrais te libérer. Je vais poser mes mains sur ton front et derrière ta nuque pour t'accompagner énergétiquement et entrer en connexion avec toi. »

Cathy s'installa, elle passa rapidement ses doigts entre ma poitrine, puis remis sa main droite sur mon front. Elle approcha sa bouche de mon oreille gauche pour me parler doucement, calmement, et posément.

« Ève, je vais te proposer de créer ton endroit refuge, celui où tu pourras te rendre à n'importe quel moment si tu ressentais des émotions trop fortes pendant ce rêve. Je te laisse prendre trois grandes inspirations, puis tu expires lentement. Ensuite, tu pourras visualiser un lieu où tu te sens bien, apaisée, et quand tu es prête, tu peux me le décrire… »

Le voyage put commencer. Les images commencèrent à défiler dans ma tête. Je laissai passer quelques instants avant de parler.

« Je vois une plage de sable blanc, la mer, un palmier. L'eau est turquoise, il n'y a personne. Je suis comme sur une petite crique. Il y a un transat en bois, près d'une terrasse, je vais m'y allonger.

— Est-ce que tu te sens bien ici ?

— Oui, très bien.

— Parfait, prends le temps d'en profiter, de t'apaiser. »

Je sentis ses doigts qui repassèrent entre ma poitrine, sur mon péricarde précisément, avant de se replacer sur mon front.

« Nous allons commencer le rêve. Mais avant, je vais te proposer de créer comme un interrupteur, une pince, une pression entre tes doigts, qui te permettra de retourner dans ce lieu dès que tu le souhaites. Il te suffira d'actionner ce mouvement pour revenir en ce lieu où tu te sens bien.

— C'est bon Cathy, je vais pincer mes deux doigts l'un contre l'autre.

— Je te propose de penser à ton problème, puis de me décrire les images que tu vois. Observe le lieu attentivement.

— Je vois ce train dans lequel je suis entrée… Un vieux, un très vieux train, comme je n'en ai jamais vu. Un décor sombre, de couleur violet foncé, avec des arabesques sur les murs et le sol. Il y a de petites lumières jaunes, près des fenêtres au niveau des sièges. Les carreaux sont de petite taille et très arrondis… Ce train est vide, désert. C'est très sombre.

— Comment tu sens-tu ici ?

— Mal, je ne me sens pas très bien. J'ai la nausée. Mon cœur s'accélère.

— N'oublie pas que tu peux retourner dans ton endroit refuge dès que tu en ressens le besoin… Vois-tu d'autres personnes dans ce train ou aux alentours ?

— Non… je suis toute seule.

— Arrives-tu à te voir, qui tu es, comment tu es…

— Oui… je crois… euh… oui, je me vois entrer dans ce train, je suis petite. Je suis une petite fille.

— Parfait, c'est très bien. Qu'est-ce qu'il faudrait pour que tu te sens bien dans ce train ?

— Plus de lumière… C'est sombre, j'ai peur, je ne vois rien…

— Regarde bien autour de toi… n'oublie pas que tu es le créateur de ton propre rêve.

— Dehors, par les fenêtres… je vois de la lumière. Il y a ce paysage aux récifs arides. C'est sec, le désert. Les couleurs que je vois sont vives, plutôt oranges.

— Aimerais-tu aller dehors, et sortir de ce train ?

— Non, pas spécialement… pas ici en tout cas !

— Que peux-tu faire alors ?

— Je ne sais pas… Euh… si je vais démarrer le train ! C'est bon… il circule à grande vitesse au milieu de grands rochers. C'est le vide absolu, le néant, on ne voit rien dehors, hormis du sable, de la roche orangée.

— C'est très bien… continue…

— Le train s'emballe… il va de plus en plus vite… Je n'arrive plus à l'arrêter, je sais pas quoi faire. Je suis prise de panique !!!

— Ressens-tu le besoin de retourner un peu dans ton endroit refuge ?

— Oui, j'y vais un peu. C'est bon, je suis sur la plage. »

Ma respiration s'accéléra puis se calma rapidement. Je sentis ses doigts se reposer à nouveau contre ma poitrine.

« Quand tu es prête, tu peux retourner dans ce train…

— J'y suis… J'aperçois ce paysage à vive allure par la fenêtre, je ne sais pas quoi faire pour ralentir le train. Je panique…

— Es-tu toujours seule ? Regarde bien autour de toi…

— Je vois un oiseau qui se positionne derrière la fenêtre. Je crie, je le supplie de m'aider… Oh, c'est pas vrai, il a de grandes ailes ! Il y a pleins d'oiseaux qui arrivent. Ils sont en train de ralentir le train.

…

C'est bon, j'ai pu sortir du train… je ne suis plus dans le désert. C'est une grande plaine verte. Il y a une montagne. Un grand aigle, immense, m'invite à monter sur son dos. Il m'emmène au sommet. Oh là là, que c'est beau ! J'ai une vue imprenable. Quelle beauté !

— Est-ce que tu te sens bien ici Ève ?

— Oh oui, ce n'est pas loin du paradis…

— Est-ce qu'il y a encore des choses qui te dérangent ou que tu n'aimes pas totalement autour de toi ?

— Non… non…

— Penses-tu avoir atteint ton objectif ?

— Oui, je n'ai plus peur…

— Prends quelques instants pour en profiter alors… Admire ce que tu vois. »

Ses doigts repassèrent une dernière fois près de ma poitrine. Cathy m'annonça peu de temps après que le rêve était terminé et me proposa de retourner dans mon endroit refuge, ce que je fis sans attendre.

« Ève, je vais maintenant te proposer un dernier exercice avec tes yeux. Nous allons faire la levée de voiles. Je vais poser mes doigts à différents points autour de tes yeux… Je t'invite à respirer profondément… Parfait… Tu peux pousser avec tes yeux mes doigts… Voilà, comme ça, c'est très bien… Et tandis que tu fais cela, tu effaces toutes les mémoires actives sur ce plan et sur ce sujet. Respire profondément à nouveau… Super ! »

Je fis différents exercices dans ce style. Elle retira délicatement ses doigts. Je sentis ses mains passer tout autour de moi, parfois en effleurant mon corps, puis elle m'annonça la fin du soin. Quelques secondes passèrent, peut-être une ou deux minutes. J'ouvris doucement les yeux. Ce fut dur ! J'étais partie bien loin, sans même m'en rendre compte… Je ne sentis plus mes mains, ni mes bras. Voyant une gêne de ma part, Cathy m'interrogea.

« Ressens-tu quelque chose ?

— Euh, oui… je ne sens plus mes mains, j'ai des fourmillements impressionnants qui descendent dans les doigts, et mes bras étaient de véritables enclumes durant la séance.

— Ne t'inquiète pas, ce sont des ressentis qui sont normaux. Quand tu seras prête, tu pourras te relever. Je t'invite à boire un verre d'eau. Je le pose sur la petite table. »

Assise, sur son fauteuil, j'observai calmement tout autour de moi, comme pour me resituer en ce lieu. Je fus dans un état proche de celui du réveil avec douze heures de sommeil. Quelques minutes passèrent, dans un calme absolu.

« C'est bon pour moi.

— Alors dis-moi, comment s'est passé ce rêve ?

— J'ai l'impression qu'il n'a duré que quelques minutes. Je me souviens de chaque image que j'ai pu visualiser. C'est incroyable Cathy ! Jamais je ne me souviens de mes rêves… C'était à la fois troublant et si magique à la fin. Je ne peux pas te décrire ce que j'ai ressenti, mais je n'avais plus peur ! »

Je quittai le cabinet, avec l'impression d'avoir fait une journée de méditation. Je me sentis calme, apaisée. Le bonheur ! Ce fut une expérience magique, qui ne manquait pas de tordre le cou à mes croyances anciennes ! Je n'aurais jamais pensé être aussi réceptive à un soin énergétique ! Je n'en revenais pas… Elle était vraiment douée ma copine ! Je fus comme sur un petit nuage. J'allais maintenant prendre le temps d'intégrer ce travail… qui, je l'espérais, porterait ses fruits dans les semaines à venir.

Sensibilité

« C'est avec la logique que nous prouvons,
et avec l'intuition que nous trouvons. »
Henri Poincaré

Jeudi 16 novembre 2017

Quatre semaines avaient passé depuis ce fameux entretien d'embauche. Le recruteur, Luc Pillon, m'avait rappelée le lundi de la semaine suivante pour m'annoncer qu'il souhaitait que je rejoigne ses équipes au plus vite. Quelques jours plus tard, j'avais signé mon contrat de travail à durée indéterminée avec une période d'essai de trois mois, et j'avais intégré mon nouveau bureau.

Luc passa dans le couloir et s'arrêta au niveau de la porte. Il m'invita à déjeuner avec lui à la boulangerie au bout de la rue. Je le rejoignis, et nous quittâmes l'agence. Il engagea la conversation.

« Alors Ève… cela fait presque un mois que vous êtes arrivée maintenant, c'est bien ça ?

— Oui, le temps passe vite !

— Ça te dérange si on se tutoie ?

— Non, pas du tout.

— Parfait ! C'est moins formel, et je tutoie tout le monde… Alors, dis-moi, es-tu contente de ton nouveau poste ? Les missions te plaisent ? Nous n'avons pas encore eu le temps de faire un rapide bilan.

— Je suis ravie. C'est passionnant ! Je ne vous…. Ah, il faut que je m'habitue à te tutoyer ! Je ne te remercierai jamais assez de m'avoir retenue. L'équipe est sympa en plus.

— Oui, c'est vrai que les collègues sont gentils. Tu sais, si tu as des difficultés, des idées ou des choses qui te tiennent à cœur, tu peux venir m'en parler, librement. Je serai à ton écoute.

— Merci Luc, je saurais m'en souvenir... D'ailleurs, j'aimerais te reparler d'un sujet, si tu es d'accord.

— Ah oui ? Dis-moi…

— Lors de l'entretien de recrutement, tu m'as parlé d'intuition et de créativité. Je me suis posée beaucoup de questions à ce sujet ! Tu peux m'en dire un peu plus ?

— Oui, c'est vrai. La créativité est une qualité essentielle dans le job qu'on t'a proposé. Je te l'avais dit, intuition et créativité sont intimement liées. Elles sont plus ou moins amplifiées chez certaines personnes, et plus elles sont utilisées, plus la personne est capable d'anticiper des besoins, ou des situations. Tu dois savoir que le cerveau humain est décomposé en deux parties ?

— Oui, j'en ai rapidement entendu parler. Il y a l'hémisphère droit et l'hémisphère gauche, c'est bien cela ?

— Tout à fait. Tu sais, chaque personne est différente, avec sa propre personnalité, ses valeurs, son expérience. C'est notre singularité. Chaque individu fonctionne différemment finalement. On fait plus ou moins appel à une zone de notre cerveau. C'est l'hémisphère droit qui gère l'intuition, la créativité, l'imagination. C'est la voix du cœur, les émotions. Le cerveau gauche, lui, est logique, cartésien, rationnel et organisé ; c'est la raison…

— C'est intéressant !

— Je suis passionné par tout cela tu sais. Plusieurs tests existent pour savoir quelle partie du cerveau nous utilisons le plus. Tu devrais essayer par curiosité, tu te feras ton propre avis!

— Oui, pourquoi pas, je vais regarder, et je te donnerai le résultat.

— D'ailleurs, la parole et les gestes sont synchronisés. Quand tu parles et que tu utilises ta main gauche, c'est que tu fais appel à la partie droite de ton cerveau. Et réciproquement, quand tu utilises ton bras ou ta main droite, c'est que tu fais appel à ton cerveau gauche. C'est inversé. L'orientation des mains, des jambes, du corps, de la tête, des yeux… sont autant d'indications sur une personne et ses pensées. J'ai beaucoup étudié le langage non verbal. C'est incroyable et très puissant. Inconsciemment, nos gestes, nos postures, ou encore les micros-expressions de notre visage parlent à notre place. Ils sont le reflet de nos pensées les plus profondes, de nos émotions. Ils ne se contrôlent pas, ou du moins très difficilement, et de façon limitée dans le temps. Ils interviennent quelques secondes avant la parole.

— Ah oui ?

— Je vais te donner un exemple concret, car il te concerne. Lors de l'entretien, quand tu t'es présentée, tu utilisais principalement ta main droite, qui fait donc appel au cerveau gauche. Tu étais alors dans le contrôle. C'était flagrant. Et quand tu m'as parlé de tes passions notamment pour la cuisine et la danse, tu as changé de main, en utilisant celle de gauche… la main du cœur, des émotions.

— C'est pour cette raison que tu m'observais avec autant d'insistance ?

— Probablement… je ne m'en rends plus compte, mais je suis un grand observateur. Je te l'ai dit, le non verbal, c'est très puissant, mais il faut savoir rester prudent dans l'analyse que l'on en fait… Tout n'est pas signe, c'est un tout. D'ailleurs, être empathique suppose d'observer son interlocuteur et de laisser nos ressentis s'exprimer. Il existe des formations sur les personnalités, le langage non verbal... Nous aurons l'occasion d'en reparler au moment du recueil des besoins de formations. Et si cela t'intéresse, je ferai une demande pour toi.

— D'accord. Je vais me renseigner sur les formations qui existent, mais je suis preneuse, bien sûr ! Je suis curieuse de nature, d'autant plus que tous ces sujets me semblent passionnants.

— Ils nous permettent de progresser, d'apprendre à mieux nous connaître, à nous adapter…

— Puis-je te demander pourquoi tu m'as choisi ? Car j'imagine que je n'étais pas seule à candidater sur ce poste !

— Effectivement, j'ai reçu beaucoup de candidatures. Ton parcours et tes expériences étaient intéressants, mais cela ne fait pas tout. Je pense que tu es une personne assez créative, et tes passions me l'ont confirmé… Cuisiner suppose d'être structuré, inventif et innovant. Quant à la danse, c'est un moyen d'expression artistique. Elle permet d'exprimer la créativité à travers le corps.

— Je n'avais pas vu cela de cette façon…

— Disons aussi que j'ai écouté mes ressentis, mon intuition !

— Ton intuition ? Pour un recrutement ?

— Et pourquoi pas ! Je cherchais quelqu'un d'intuitif, créatif, et audacieux. Il me paraissait normal d'écouter mes ressentis, la voix de mon cœur…

— La voix du cœur ? Une amie m'en a parlé il y a quelques semaines…

— Tiens donc ! Ces pensées ou réflexions qui nous parviennent sans en connaître la raison, cette petite voix intérieure, Dame Intuition… Appelle-la comme tu veux, cela n'a pas d'importance. Le principal est de prendre conscience qu'elle existe et que nous pouvons l'écouter ! Je t'en reparlerai quand le moment sera venu…

— Avec plaisir, tu aiguises ma curiosité là !

— J'imagine.

— Un soir, mon amie m'avait dit que mon cœur avait parlé. J'ai essayé d'en savoir plus, mais elle m'a répondu que je n'étais pas encore prête à l'entendre ou à le comprendre.

— Laissons le temps au temps Ève. Rome ne s'est pas construite en un jour !

— Puis-je te poser une dernière question, Luc ?

— Bien sûr !

— Tu m'as également dit lors de l'entretien d'embauche que la sensibilité n'était pas un défaut selon toi.

— Pour moi, être sensible est une qualité, qui peut se développer. Dans notre culture, afficher ses émotions n'est pas correct, et va même à l'encontre des normes sociales. Combien de fois entend-on des parents dirent à leur enfant « arrête de pleurer », alors qu'un enfant ne pleure pas sans raison. On lui demande inconsciemment de bloquer ou masquer ses émotions. Pourtant, l'intelligence émotionnelle est essentielle de nos jours. On parle d'ailleurs de plus en plus de quotient émotionnel, en remplacement du quotient intellectuel. Les recruteurs recherchent des qualités comportementales chez les candidats, et non plus seulement des compétences techniques. L'intelligence émotionnelle, c'est l'art d'utiliser ses émotions. Nous pouvons alors avancer plus facilement et évoluer dans la vie. C'est un signe d'ouverture au monde qui nous entoure. Cette faculté permet de donner un sens aux situations rencontrées, mais aussi de mieux gérer les contraintes quotidiennes et les émotions qui en découlent. L'intelligence émotionnelle se cultive. C'est une question de volonté et d'état d'esprit. C'est un sujet très vaste et ô combien passionnant.

— Oui, j'imagine… Je vais me renseigner.

— En tout cas, ces premiers échanges me prouvent que je ne me suis pas trompé en te prenant dans nos équipes Ève. J'en suis ravi !

— Moi aussi Luc. Je ferai en sorte de ne pas te décevoir alors !

— Je n'en doute pas… »

Moment venu

« Hasard ou destin, la réponse n'est pas simple. »
Joseph Kessel

Je m'apprêtai à rentrer chez moi, quand je me souvins qu'il me fallait impérativement récupérer quelques vestes au pressing. J'avais un rendez-vous clientèle important le lendemain. Je voulais faire bonne impression. Quoi qu'on en dise, l'apparence jouait un rôle important notamment pour le premier contact. Je ne voulais pas décevoir Luc, je devais me démarquer par ma créativité. Il y avait un gros contrat à la clé. Je resterai sobre, je n'aimais pas attirer les regards sur moi, et surtout, je voulais renvoyer une image de femme sérieuse. Le tailleur était de mise.

Je me rendis au pressing de quartier, non loin de chez moi. J'entrai dans la boutique. Un homme se tenait devant moi. Je me mis à frissonner, mais je n'y prêtai pas attention. Cette personne donna ses costards, probablement un homme d'affaires. Il en profita pour demander les vêtements précédemment déposés. Puis… il se retourna, sans aucune raison. Son attention se figea sur moi et sa bouche laissa apparaitre un discret sourire. J'aperçus le jeune homme châtain que j'avais croisé un soir au Street Pub quelques semaines plus tôt. Mon cœur s'emballa à nouveau. Je le reconnus aussitôt. Il était toujours aussi charmant… Je doutai qu'il me reconnaisse. Comment pouvait-il se souvenir de moi d'ailleurs ?! Un mois était passé depuis cette soirée. Je décidai alors de baisser les yeux, ignorant cette coïncidence, et supposant qu'il m'avait oubliée depuis bien longtemps. Il paya sa nouvelle commande, salua la caissière, ramassa sa carte bancaire dans la poche de son manteau, et tourna les talons. Je sentis son regard se poser sur moi à ce moment précis, mais je fus terrorisée. Je n'osai relever les yeux, je ne pus l'expliquer.

Ses vêtements propres restèrent en caisse. Il les avait oublié ! Sans réfléchir, je les attrapai et je me mis à lui courir après dans la rue. J'arrivais à son niveau :

« Excusez-moi, vous avez oublié vos vêtements, lui dis-je d'un ton peu assuré.

— Ah, merci beaucoup ! Pardonnez-moi, je suis perturbé… Et voilà que j'oublie ce que je suis venu récupérer quand je vous recroise. Vous me reconnaissez ?

— Quelle question ! Nous nous sommes vus un soir au Street Pub si je ne me trompe pas.

— Tout à fait. J'y suis retourné plusieurs fois, en espérant vous revoir…

— Vraiment ?

— Disons que vous me troublez, et ce n'est pas vraiment dans mes habitudes.

— Moi ?

— Oui, oui, vous… La dernière fois, en repartant du bar, je ne me souvenais plus où j'avais garé ma voiture, ajouta-t-il en rigolant. Je pensais à vous, et du coup j'ai mis dix minutes à la retrouver !

— J'en suis navrée…

— Ne le soyez pas ! C'est juste que j'ai l'impression de vous connaître.

— Comment ça ?

— Je ne sais pas… C'est étrange. J'ai eu ces ressentis… »

Sans même lui laisser le temps de finir sa phrase, je l'interrompis.

« Des ressentis ?

— Oui…

— Vous aussi… Je suis désolée mais… mais… la… la dame du pressing attend mon retour ! Mais… ne croyez pas que…

— Je comprends, ne vous inquiétez pas. Ce n'est ni le lieu ni le moment pour parler de ressentis. Je serai heureux de pouvoir vous inviter à boire un verre, afin que l'on discute un peu plus ensemble… »

Il sortit de son manteau une carte de visite, qu'il me tendit. Sa main trembla légèrement. Ses yeux brillèrent, pétillèrent. Quel regard ! J'affichai alors un large sourire, et pris sa carte. Il m'avait bien observée au bar et il me reconnaissait. Cathy et Axelle avaient finalement raison. Je ne devais pas douter, le hasard faisait bien les choses…

Je repartis pour rejoindre le magasin. Sans maitriser quoi que ce soit, je me retournai, et je lui lançai un « Très bon choix vos vêtements ». Je me surpris moi-même… Qu'est-ce qu'il m'arrivait à dire cela ?! Mes vestes m'attendaient sur le comptoir. Je sortis du magasin, et je me dirigeai sur la droite. Je repensai à ce jeune homme, à son sourire, à son style, à sa douceur, au timbre de sa voix. Je n'en revins pas, il m'avait reconnue et invitée à prendre un verre ! Oui, je pouvais radoter dans des moments d'euphorie. Il m'avait même parlé de ressentis. Lui aussi avait, semble-t-il, été perturbé en me voyant. Après quelques minutes de marche pendant lesquelles je revisualisai sans cesse son regard, j'arrivai en bas de mon immeuble.

Je me dirigeai vers l'escalier en bois. J'étais enfin chez moi, essoufflée, comme à chaque fois que je montais les six étages. Je posai mes vestes sur mon canapé, et je voulus prendre la carte de visite qu'il venait de me donner. Je n'avais même pas pris le temps de regarder son nom et son prénom. Je la cherchai dans mes poches, dans mon sac, dans mon portefeuille… La carte avait disparu ! Comble de l'histoire, je l'avais perdue. Je m'en voulus terriblement. Je me souvins l'avoir posée sur le comptoir. Je l'avais oubliée là-bas ! Je me mis à dévaler les escaliers. Je courus jusqu'au pressing.

La dame me vit arriver sans grande surprise.

« Vous avez oublié quelque chose, vous aussi ?

— Euh… oui, j'ai dû poser une carte de visite tout à l'heure.

— C'est à vous je crois… me dit-elle en me la tendant. Je m'en suis aperçue quand vous étiez partie. Je me doutais que vous alliez revenir la chercher !

— Merci beaucoup. Je ne sais pas où j'ai la tête…

— Il faut croire que vous êtes aussi perturbée que le jeune homme qui était avant vous ! » me répondit-elle en plaisantant.

Aussi étourdie que lui, j'en avais oublié le principal sur la caisse. Cet homme sembla me troubler, plus que je ne veuille l'imaginer. Je regagnai tranquillement mon appartement, tout en observant cette carte. Il s'appelait Sébastien Trepas. Il était responsable commercial, dans le secteur du tourisme. J'avais son numéro de téléphone portable et son e-mail professionnel. Je posai ce bout de carton contre ma poitrine, sans même me rendre compte de ce geste. J'arrivai chez moi, heureuse d'avoir retrouvé sa carte de visite. Je ne sus si je devais le contacter rapidement, ou attendre quelques jours. J'eus terriblement envie de lui envoyer un message. Mais c'était peut-être un peu trop tôt… Cela devait à peine faire trente minutes que je l'avais vu. Mon cerveau s'emballa : oui, non, oui, non, attends, vas-y, demain, ce soir… Je décidai de suivre la voix de mon cœur, je n'hésitai plus et je pris mon téléphone.

C'est avec plaisir que je vous recontacte Sébastien (on s'est croisés au pressing tout à l'heure). Vous aurez vous-aussi mon numéro maintenant !
Ève Libau.

Le message partit. Je commençai à ranger les courses, mais toutes les minutes je regardai mon téléphone pour voir si j'avais un message. Il n'était pas en silencieux, il n'avait pas sonné, mais c'était plus fort que moi, je relus mon texto. Aurais-je dû écrire autre chose ? Et s'il avait croisé quelqu'un d'autre, il n'allait pas savoir que c'était moi qui lui avais envoyé ce texto. Les questions se bousculèrent, comme à chaque fois, dans ma tête. Le doute s'emparait de moi, encore. J'allais devoir continuer mon travail sur moi. J'avais ressenti les effets de ce premier soin énergétique. J'aimais découvrir, expérimenter, et surtout, cela ne pouvait pas me faire de mal. Les minutes défilèrent et me parurent interminables. Aucun retour !

Une heure plus tard, mon téléphone sonna, enfin.... C'était lui !

Quel joli prénom… Ève !
Ton message me fait vraiment plaisir :-)
On peut se tutoyer si tu es d'accord…

Je ne m'attendais pas à avoir un retour si rapidement ;-)
J'aimerais t'inviter à boire un verre ou même... à dîner si tu le souhaites toi aussi.
J'ai envie de passer un peu de temps avec toi Ève, afin de faire plus ample connaissance...

Je m'empressai de lui répondre, sans attendre une minute de plus !

J'accepte volontiers ton invitation Sébastien. Quand tu veux...

Mon téléphone se mit à sonner, mon cœur battait la chamade. Je décrochai aussitôt.

« Allo ?

— Ève, c'est Sébastien.

— Ah... dis-je d'un ton neutre, en essayant de masquer mes émotions. Quelle surprise que tu m'appelles si vite ! Je n'ai même pas eu le temps d'enregistrer ton numéro.

— Je me suis dit que ça serait plus simple de t'appeler pour convenir d'un rendez-vous... Et puis, je n'ai pas résisté à l'envie d'entendre à nouveau ta voix Ève !

— C'est très gentil. Alors comme ça, je te trouble... dis-je d'un ton amusé

— Tu ne me croiras pas, mais quand je t'ai quitté tout à l'heure, j'étais à pieds… et j'ai tourné dans la mauvaise rue. Alors j'ai marché plusieurs minutes sans vraiment reconnaître les immeubles, avant de me rendre compte que je n'étais pas dans la bonne rue !

— Comme c'est étrange…

— C'est peu de le dire !

— Serais-tu étourdi ?

— Non, pas vraiment ! Habituellement, cela ne m'arrive même jamais… Il ne manquerait plus qu'il t'arrive la même chose…

— Oui, c'est sur…

— Dis-moi alors, quand es-tu disponible ?

— Samedi soir ?

— Super. Je t'invite à dîner… Je passe te chercher à 19h30, d'accord ?

— Parfait. Voici mon adresse : 18 rue Custine, dans le 18ème.

— C'est noté Ève… J'ai hâte de te revoir !

— Moi aussi Sébastien ! Passe une bonne soirée…

— Merci bien, toi aussi. »

Cette nouvelle rencontre était d'autant plus étrange ce jour… J'avais fait la connaissance de Luc Pillon lors de mon entretien d'embauche, et le soir même, j'avais aperçu Sébastien pour la première fois au bar. Aujourd'hui, j'avais pris le temps de discuter avec Luc en allant à la boulangerie. Et voilà que ce soir, j'avais revu Sébastien au pressing de quartier par le plus grand des hasards. De plus, il m'avait invitée à dîner ! Deux belles rencontres le même jour, deux beaux échanges au même moment de ma vie. Cette situation me laissa bien perplexe quant à la similitude et la synchronicité des évènements. Seraient-ce de pures coïncidences ?!

Amitié

« Merci d'être comme tu es, merci simplement d'exister. »

Hélène Thomas

Vendredi 17 novembre 2017

J'avais invité mes deux amies Cathy et Axelle à venir prendre l'apéritif, juste après mon cours de danse de 19h à 20h, le vendredi. J'avais enfin trouvé une école qui proposait un planning adapté à mon nouvel emploi du temps et à proximité de mon domicile. En rencontrant la professeur de danse, une familiarité s'était aussitôt imposée naturellement. C'était une personne très dynamique, souriante, très joyeuse, et qui avait une passion hors norme pour ce qu'elle faisait. J'aimais sa façon d'être, vraie et naturelle.

Il était 20h30, l'heure du week-end avait sonné. Cathy arriva la première à mon appartement, pour venir partager un moment de détente avec Axelle et moi. Nous aimions nous retrouver, passer du temps ensemble toutes les trois, avoir de longues conversations philosophiques sur des sujets variés, mais aussi rire de tout et n'importe quoi ! Nous nous racontions nos journées, nos anecdotes, nos histoires insolites… Nous parlions de nos passions, de nos moments de tristesse ou encore de nos doutes. Axelle et Cathy étaient pour moi de vraies amies, sur qui je pouvais compter à tout instant.

« Salut Cathy, entre et installe-toi !

— Comment vas-tu Ève ?

— Super bien, je suis contente d'être en week-end, mais aussi de passer cette soirée avec vous !

— Axelle n'est pas encore arrivée ?

— Non, tu es la première. De toute façon, l'as-tu déjà vue à l'heure ? ajoutai-je en rigolant. Je ne sais pas comment elle fait, il lui arrive toujours quelque chose ! »

Cathy partit s'asseoir sur le canapé, le temps que je lui apporte un verre à boire et quelques petits fours.

« Tu ne devineras pas qui j'ai revu… lui dis-je

— Quelqu'un que je connais ?

— Non… Allez, devine ! »

Je laissai quelques secondes passer, avant de révéler l'identité de cette personne, impatiente :

« Tu te rappelles de ce jeune homme châtain que j'avais aperçu au Street Pub un soir ?

— Oui, vaguement… Et tu l'as revu ?

— Tu ne me croiras pas ! »

Je revins m'asseoir à côté d'elle. Je lui racontai alors cet épisode au pressing avec Sébastien : l'oubli de ses vêtements, les premiers échanges, la perte de la carte de visite, l'invitation... La scène sembla beaucoup amuser Cathy.

« Ève, tu te souviens de ce que je t'avais dit ce soir-là ?

— Oui… Si tu dois le revoir, tu le reverras.

— Tout à fait.

— Il n'y a pas de hasard Ève !

— Tu avais raison. En tout cas, je te remercie d'être là pour moi Cathy ! lui dis-je en la prenant dans mes bras.

— Les amis sont fait pour ça… chuchota-t-elle au creux de mon oreille. Moi aussi, je te remercie de partager ma vie, d'être mon amie ! Tu comptes beaucoup pour moi, Ève.

— C'est partagé, tu le sais. Je ne sais pas comment tu fais, tu trouves toujours les mots justes, qui rassurent et apaisent. Tu es vraiment très douée.

— Je suis moi, juste moi !

— Oui, tu es authentique.

— De nos jours, l'apparence joue un rôle malheureusement prédominant. Nous voulons paraître, plaire aux autres, mais nous en oublions nos besoins, nos convictions, notre tempérament. Nous mettons parfois un masque pour aller au travail, que nous retirons quand nous rentrons chez nous. Et c'est ainsi qu'une même personne peut avoir plusieurs personnalités. Nous cachons l'essentiel, notre 'essence naturelle', notre essen-sienne, notre essen-ciel, et nous nous oublions…

— Tu as raison. Moi la première, je suis différente au travail et avec vous par exemple.

— Pourquoi ne t'acceptes-tu pas telle que tu es Ève ?

— J'ai peur du regard et de la critique des autres, donc j'adopte l'attitude qui est souhaitée par la société, le monde de l'entreprise.

— Si tu accordes de l'importance à la critique, c'est que tu la considères vraie. Il te faut t'en détacher. Tu as des valeurs, des qualités, et des défauts comme tout le monde ! Il te faut juste en avoir conscience et les apprivoiser. Quelle image préfères-tu renvoyer de toi-même, ne serait-ce que devant ton propre miroir ? Ta véritable nature, aussi perfectible soit-elle… ou bien un simple reflet idéaliste et parfois contraire à ta réelle identité ? Être soi, c'est s'accepter et oser s'affirmer.

— Certes, mais ce n'est pas facile. J'ai peur que les autres me jugent.

— Pourquoi le feraient-ils ? Tu supposes là… Je connais la vraie Ève, je l'aime comme elle est ! Nous devons être, et pas seulement paraître. N'est-ce pas difficile de te montrer pour une personne que tu n'es pas véritablement, et que tu incarnes finalement très maladroitement ?

— Possible…

— Crois-tu que tu puisses aller à l'encontre de tes valeurs, de qui tu es vraiment ? Garde toujours à l'esprit que ton langage non-verbal peut rapidement te trahir... Comme pour la musique, cela doit sonner juste... Il ne doit pas y avoir de fausses notes, sinon on l'entend très rapidement. Le musicien harmonise les sons et le chanteur ajuste sa voix. Parfois, c'est une seule et même personne qui joue d'un instrument et qui chante en simultané. Imagine qu'il y ait un décalage entre les tonalités musicales et les paroles ; il en va de même pour chaque être humain qui parle et qui fait des gestes. Ton corps et ton esprit doivent être alignés.

— C'est drôle que tu me parles du non verbal, car Luc m'en a parlé récemment. Il m'a proposé de me renseigner sur les formations sur ce thème, sur les personnalités...

— Luc ?

— Oui, c'est mon chef, à mon nouveau boulot.

— Saisis cette chance ! Comme le disait Socrate, « Connais-toi toi-même ». Apprendre à se connaître, c'est à la fois essentiel et merveilleux. C'est s'ouvrir. C'est découvrir qui nous sommes intérieurement, comprendre notre tempérament et nos réactions face à certaines situations. Parfois, c'est dérangeant, car on ne se voit pas tel que l'on est… Mais c'est un travail d'une redoutable efficacité. On dit souvent qu'on a les défauts de nos qualités. Nos points forts, poussés à l'extrême, peuvent devenir des handicaps ou des facteurs de stress pour nous mais aussi pour autrui ! Nous sommes tous différents. Inversement, nos défauts peuvent être atténués, à partir du moment où nous en prenons conscience et que nous cherchons à progresser. Pour cela, nous devons déjà identifier et accepter nos imperfections, apprendre à les reconnaître pour mieux les maîtriser. Chacun a sa raison d'être. Nous devons être tolérants et faire preuve d'empathie, envers les autres, mais aussi envers nous-mêmes. Nous devons accepter nos différences, et même les cultiver, car elles nous enrichissent individuellement et collectivement ! Serait-ce plaisant de vivre uniquement avec des clones de nous-mêmes ?

— Bien sûr que non…

— Tu vois ! Tu aimes la singularité des gens. Nos histoires vécues, nos joies ou déceptions, notre culture, notre façon de vivre, nos croyances, notre éducation, nos gênes, notre famille, nos amis ou collègues sont autant de facteurs qui influent tôt ou tard sur notre personnalité, et aussi sur nos émotions. Chacun de nous est unique ! »

Axelle frappa à la porte. Je partis lui ouvrir.

« Désolée du retard ! me dit-elle essoufflée, en me tendant sa joue.

— Qu'est-ce qu'il t'est encore arrivé ?

— Pfff, quelle galère ! As-tu une prise pour que je recharge mon portable ? »

Axelle brancha son téléphone, posa son sac à dos et enleva sa petite veste en cuir. Elle embrassa Cathy et s'affala dans le canapé.

« Tu es un sacré phénomène toi, lui dit Cathy.

— Ne m'en parle pas !

— C'est rare de te voir avec des chaussures de sport… ajoutai-je

— J'ai cassé mon talon ce matin… Juste avant de rentrer dans l'immeuble, il s'est accroché dans le caniveau. J'ai essayé de retirer ma chaussure, mais le talon est resté accroché dans la grille ! Heureusement que je mets d'autres chaussures pour faire du vélo et que je les avais dans mon sac à dos… Je suis restée toute la journée en tennis. Tout le monde m'a regardée d'un œil bizarre ! Mon chef n'a pas hésité à me faire une petite réflexion : « Vous, en tennis ? ». Quand il manque juste un talon, c'est moins pratique pour marcher ! Une chaussure haute de neuf centimètres, et une autre qui est plate mais qui a gardé sa cambrure !

— Tu m'étonnes ! C'est un peu bancal, répondis-je d'un ton amusé. Ils ont dû bien rigoler ceux qui t'ont vu te battre avec ta chaussure en essayant de l'enlever du caniveau ce matin !

— C'est peu de le dire. Mais sérieusement, elles m'avaient coûté un bras ces pompes et elles n'étaient pas très vieilles… Je suis dégoutée ! »

Axelle se leva et sortit de son sac sa paire d'escarpins à talons aiguilles.

« Non, mais regardez les filles !!!

— Vas-y, montre-nous comment tu marches avec tes nouvelles chaussures, très originales… » ajouta Cathy, d'une voix ironique.

Axelle se mit debout, enfila ses escarpins - enfin ce qu'il en restait - et nous fit une petite démonstration. Elle traversa joyeusement l'appartement et se mit à danser sur une seule jambe ! Prises d'un énorme fou rire, nous continuâmes à écouter la suite des aventures de notre amie Axelle.

« En sortant du travail, impossible de retrouver mon vélo. J'ai fait le tour du quartier. Rien ! Alors j'ai réfléchi où j'avais pu le garer… Avec cette histoire de talon cassé ce matin, j'avais l'esprit un peu ailleurs. Je me souvenais bien l'avoir accroché au garage à vélo avant d'arriver au travail. Et ce soir, il n'était plus là !

— On te l'a volé alors ? lui dis-je

— Il faut croire que oui, répondit-elle d'un ton désabusé. Les embuches ont continué à se succéder. J'ai voulu prendre le métro, mais comme je n'en ai plus l'habitude et que j'étais ailleurs avec cette histoire de vélo, je me suis trompée dans la direction de la ligne. J'ai pris la destination opposée.

— Il n'y a qu'à toi que ça arrive… lui dis-je d'un ton moqueur

— Les couloirs étaient bondés, alors j'ai machinalement suivi la foule, et je me suis engouffrée dans le métro en essayant de me faire une petite place. Quand le wagon a commencé à se vider un peu, j'ai regardé à quelle station j'étais… J'étais arrivée à l'autre bout de Paris.

— Non ! C'est une blague ?

— Il y avait un groupe de jeune qui faisait bien du bruit. Sans compter le petit monsieur qui jouait de la musique juste à côté de moi. Mon esprit s'est mis à vagabonder. Je n'entendais plus rien, c'est un peu comme si le temps s'était arrêté. Bref, je suis descendue en catastrophe, puis j'ai changé de direction. Le métro mit du temps à arriver, et pour cause, il y avait eu un accident à la station d'avant. Il n'y avait pas de correspondance à cet arrêt et en plus c'était un quartier que je ne connaissais pas du tout ! J'ai envisagé d'appeler un taxi, mais pour couronner le tout, mon téléphone n'avait plus de batterie ! J'ai attendu presque une heure à la station…

— Quelle aventure ! enchérit Cathy

— Tu as réussi à venir jusqu'à chez moi… c'est déjà ça !

— Oui, non sans mal ! Je ne sais même pas comment je vais rentrer chez moi tout à l'heure, sans mon vélo.

— Je vais te ramener, proposa Cathy.

— Tiens, bois ton verre, ça va te détendre un peu. »

Nous trinquâmes, toutes les trois, au verre de l'amitié. La soirée se poursuivit dans la joie et la bonne humeur.

Découverte

« Le malheur n'est jamais pur, pas plus que le bonheur. Un mot permet d'organiser une autre manière de comprendre le mystère de ceux qui s'en sont sortis : la résilience, qui désigne la capacité à réussir, à vivre, à se développer en dépit d'adversité. »
Boris Cyrulnik

Samedi 18 novembre 2017

Mon téléphone sonna. C'était Sébastien, qui m'annonçait qu'il m'attendait en bas de chez moi. Il m'avait invitée à dîner au restaurant, pour que nous puissions faire plus ample connaissance. J'en avais aussi envie… terriblement même. Je descendis l'escalier, et je l'aperçus debout au pas de la porte de mon immeuble. Ses yeux se mirent à pétiller quand nos regards se croisèrent. Il me fit son plus beau sourire et ajouta « tu es ravissante Ève », ce qui ne manqua pas de me faire rougir. Je portais une robe cintrée noire à motifs beige sans manches, une veste en lin beige, des collants opaques noirs, et de jolis escarpins vernis à bout rond. J'étais maquillée comme tous les jours depuis des années, comme pour aller au travail, ni plus ni moins : un trait d'eye-liner noir qui remonte légèrement sur les coins externes des yeux en forme de virgule, un trait de crayon khôl noir sous la paupière inférieure rejoignant le coin de l'œil, un soupçon de fard à joue rosé, et une dose de rouge à lèvres. Lui portait un pantalon bleu foncé, et une chemisette à petits carreaux. Il sentait bon. J'aimais les parfums un peu entêtants, et j'adorais déjà celui qu'il portait, un boisé aux notes ambrées et musquées. Un vent d'ivresse me gagnait. Je le laissai me parcourir délicatement, subtilement. Je lui permis de m'envahir intimement, intérieurement. Cette présence, à coup de notes olfactives, je ne voulais pas la voir repartir. J'aurais alors aimé ralentir le temps. Son doux parfum m'enivra, sans pour autant me rendre ivre. Je m'en imprégnai en me rapprochant de lui. Son odeur exalta simplement mes sens, tout autant que son existence. Une évidence. Cette ivresse, je voulais la saisir ce soir avec allégresse.

Sébastien m'invita à monter dans sa voiture et m'ouvrit la porte. Il referma la portière derrière moi. J'avais l'impression d'être une princesse... Une petite intention, un rêve, ce rêve, celui que j'avais depuis ma plus tendre enfance. Il fit le tour du véhicule, s'installa.

« Ça me fait plaisir de dîner avec toi ce soir, me dit-il.

— Moi aussi tu sais…

— J'ai encore du mal à réaliser par quel miracle nos chemins ont pu se croiser à deux reprises.

— Par quel miracle ? lui demandai-je

— Notre rencontre est un peu inhabituelle, le fruit du hasard, ou bien le destin tout simplement !

— C'est sûr que je ne pensais pas te revoir dans ces conditions, ajoutai-je en rigolant.

— C'est le moins que l'on puisse dire ! J'espère que tu vas aimer le restaurant où je t'emmène…

— Pourquoi penses-tu que je ne l'aimerai pas ? Si tu l'aimes, il y a de fortes chances pour que je l'apprécie aussi.

— Je l'espère. Ce n'est pas très loin en plus. Tu me diras… Moi, je trouve que les plats sont variés et très bien cuisinés par le chef.

— Je n'en doute pas. »

Sébastien mit le contact et démarra. Le moteur se mit à vrombir par sa puissance. Il enclencha la première vitesse, mit son clignotant, et attendit qu'une voiture passe avant de partir. L'assise était basse, je me serais presque crue dans un kart ! Il roula doucement, prudemment, sans trop accélérer, peut-être pour ne pas m'effrayer. Il devait y en avoir des chevaux sous le capot… Et de mon côté, j'espérais qu'il y en ait autant sous sa ceinture ! Je l'observai discrètement du coin de l'œil. Je l'admirai, en secret. Il était encore plus beau que la première fois. Il était grand, son visage était parfaitement rasé et semblait si doux. Il avait mis un peu de gel dans ses cheveux. Il était raffiné, mais aussi discret d'apparence. J'aimais cela, mais j'espérais qu'il ne soit pas timide en d'autres circonstances, en un autre moment.

Mon esprit se mit à divaguer. Je l'imaginais au travail avec ses clients, assit chez lui dans son canapé, puis entièrement dévêtu sous la douche. Il mettait indéniablement tous mes sens en éveil. Il ne manquait plus que cela, voilà que j'imaginais un homme que je ne connaissais ni d'Adam ni d'Ève tout nu ! Je repris mes esprits, tandis que lui était concentré sur la route. Il y avait un peu de circulation. Il ne semblait pas aussi perturbé que moi en tout cas.

« Au fait, je ne t'ai pas raconté… lui dis-je. Tu te rappelles avoir oublié tes vêtements au pressing ?

— Oui, plutôt bien même… J'avais vraiment l'esprit ailleurs. C'est à cause de toi ça, ajouta-t-il en rigolant.

— Je t'ai couru après et tu m'as donné ta carte. En revenant au magasin pour récupérer mes fringues, j'ai posé ta carte sur le comptoir… et je l'ai oubliée !

— C'est vrai ? Mais comment as-tu fait pour me joindre ?

— Je m'en suis aperçue en rentrant chez moi. J'y suis aussitôt retournée en espérant qu'elle n'ait pas disparue… Quand la dame m'a vue arriver, elle a bien rigolé et me l'a tendue.

— Tu m'étonnes… j'imagine la scène !

— Elle se doutait que j'allais vite revenir. Elle m'a dit un truc du style « Vous êtes aussi perturbée que le jeune homme avant vous visiblement ».

— Tu étais aussi troublée par notre rencontre ? me demanda-t-il

— Il faut croire que oui !

— C'est quand même incroyable cette histoire… Voilà, nous sommes arrivés. »

Une fois la porte du restaurant franchie, nous nous installâmes à une table pour deux personnes. C'était assez petit à l'intérieur, il devait y avoir une vingtaine de couverts. La décoration était sobre mais soignée. De grands carreaux de carrelage beige ornaient le sol. Les murs étaient recouverts de peinture de couleur vert bouteille, en alternance avec des pierres rectangles beiges. De petites appliques noires éclairaient chaque table. Les banquettes et les chaises étaient en simili cuir grainé beige. La propriétaire nous proposa un apéritif.

« Que souhaites-tu boire Ève, me demanda Sébastien

— Je vais prendre une Pina Colada.

— Un whisky 12 ans d'âge pour moi, s'il vous plaît.

— Je vous apporte ça. Je vous laisse regarder les cartes.

— Tu aimes les saveurs exotiques visiblement !

— Oui, j'aime les fruits exotiques : passion, ananas, mangue, noix de coco…

— Un peu comme moi en fait… Étrange ! Alors, parle-moi de toi, me dit-il.

— Que veux-tu savoir de moi ?

— Tout !

— Il va te falloir du temps alors…

— J'ai tout le temps qu'il faudra ! »

Sébastien avait ses yeux braqués sur moi. Il m'observa avec tant d'attention, peut-être même avec admiration. Il était discret, mais pourtant son assurance me déconcertait, m'intimidait même. Les apéritifs arrivèrent, et nous en profitâmes pour commander nos plats. Nous levâmes nos deux verres, à notre rencontre, en plongeant nos regards l'un en l'autre, puis je me lançai…

« Tu connais déjà mon prénom et mon nom! Que te dire de plus… Par où dois-je commencer ? ajoutai-je en souriant. Alors, je suis originaire de Normandie, et j'ai 33 ans.

— Tu es de quel signe astrologique ?

— Cancer, ascendant scorpion…

— Ah… c'est intéressant. Tu dois être sensible, créative et émotive alors ?

— Oui, plutôt. Tu t'intéresses à l'astrologie ?

— Oh, je ne suis pas un grand spécialiste, mais je trouve toujours intéressant de découvrir une personne au travers son signe astrologique ! Tout n'est pas vérité, mais disons que ça donne tout de même quelques indications de personnalités, puis l'ascendant joue aussi son rôle. Mais je ne vais pas te parler de tout cela maintenant… Tu es arrivée à Paris il y a longtemps ?

— Plusieurs années maintenant, cela va faire cinq ans. J'y suis venue pour le travail. Je me suis progressivement habituée à la vie parisienne.

— Tu aimerais retourner vivre en province ?

— Non, pas pour le moment !

— Moi non plus, je ne suis pas originaire de Paris. J'y suis venu un peu comme toi… pour le travail !

— C'est drôle, encore un point commun… Tu imagines bien que je suis seule, et sans enfants.

— Tout à fait. Mais tu aurais pu avoir des enfants…

— C'est sûr. Mais il faut croire que je n'ai pas trouvé la bonne personne.

— Tu es toute jeune encore…

— Et toi, quel âge as-tu ?

— Quel âge me donnes-tu ?

— Tu sais, je ne suis pas très douée pour les devinettes…

— Fais confiance à ton intuition !

— Ahahah, toi aussi tu vas me parler d'intuition ? Car la dernière fois qu'on m'en a parlé c'était lors de mon entretien d'embauche dans la société où je travaille… C'était d'ailleurs le jour où je t'ai vu pour la première fois au Street Pub !

— Très amusant… J'aurai 36 ans dans deux mois.

— Et tu as des enfants ?

— Non, moi non plus, je n'ai pas encore trouvé la bonne personne ! Un enfant, c'est un engagement. Je veux choisir la maman… Et tu travailles où ?

— Dans une agence de publicité « SubliMe », comme chef de publicité. Tu connais ?

— J'en ai rapidement entendu parler il y a quelques semaines justement, lors d'une conversation avec un ami, mais je ne connais pas plus que ça cette boîte pour être honnête.

— Cela ne fait pas longtemps que j'ai intégré cette société. J'avais passé mon entretien d'embauche, le jour où l'on s'est croisé pour la première fois. J'avais décidé de sortir avec mes amies pour me changer les idées. Le recruteur m'a rappelée la semaine suivante pour me proposer le poste. J'ai un parcours professionnel dans le marketing et la communication.

— Intéressant… Et donc, tu as passé ton enfance, en province ?

— Oui, j'habitais près de Caen. Ma maman était commerçante dans un magasin de vêtements pour enfants. Elle rentrait tard le soir après la fermeture de la boutique, et elle travaillait aussi le samedi. Le dimanche, un rituel s'était instauré : grasse matinée, balade au marché, visite chez les grands parents… J'ai un petit frère, Hugo, de cinq ans plus jeune que moi. Nous avons donc principalement grandi avec mon papa, qui s'occupait seul de nous le soir après son travail, et les samedis. Nous allions chercher ma maman au travail tous les jours. Nous n'avions qu'une seule voiture, comme une majorité de famille à l'époque. Mes parents se sont souvent privés pour nous emmener en vacances, ou tout simplement nous faire plaisir. Mon enfance fut donc a priori calme et paisible, mais j'ai rencontré plusieurs soucis de santé, et… et… »

Je m'arrêtais de parler pour reprendre ma respiration et calmer mes émotions. Je n'avais pas l'habitude de parler de mon enfance, et encore moins à un inconnu ! Cela faisait à peine une heure que j'étais avec lui, et voilà que j'étais en train de lui raconter ma vie. C'était incompréhensible pour moi, de nature si réservée. Nous n'avions aucune barrière l'un et l'autre. Une complicité s'était naturellement installée comme si nous nous connaissions depuis toujours. Ce fut très perturbant.

« J'aimerais te connaître dans les moindres détails, Ève, si tu es d'accord bien entendu, me dit-il d'une voix très douce, comme pour me rassurer. Mais nous pouvons aussi changer de sujet de conversation si tu préfères. Nous aurons tout le temps d'en reparler plus tard.

— Non, ça va aller. Je suis juste surprise de te parler de tout cela alors que je ne te connais pas finalement !

— C'est que tu te sens bien en ma présence, ajouta-t-il en me faisant un clin d'œil.

— Oui, c'est le cas. Mais c'est étrange comme situation…

— Étrange ?

— Disons inhabituel…

— Notre rencontre est inhabituelle de toute façon. Je n'ai jamais rencontré une femme dans un bar. Je n'ai jamais revu une personne qui m'a profondément troublé au pressing. Je n'ai jamais donné ma carte à une inconnue dans la rue. Tout est inédit avec toi Ève ! Je te l'ai dit, j'ai très envie de faire ta connaissance. Je ne saurais l'expliquer…

— Oui inhabituel… donc nous allons continuer dans cette lignée. Je vais me confier à toi ; et pour la première fois, je le fais avec un inconnu. Peu de personnes connaissent mon histoire, ma vie… »

Je pris une grande respiration et je me lançai.

« A ma naissance, j'ai connu des problèmes de santé importants. J'avais une malformation à l'estomac. J'ai dû dormir assise pendant presque deux années de ce que je sais. Je n'ai aucun souvenir de cette époque, seulement quelques photos ! Le trou noir en fait. Je ne sais pas tout… Des hospitalisations en tout genre se sont ensuite enchainées à plusieurs reprises, jusqu'à l'adolescence. Je me souviens encore de chacun de ces moments éprouvants… Vers 5-6 ans, j'ai fait une allergie à l'aspirine, qui a alors provoqué des saignements de nez hors normes nécessitant une intervention médicale sous anesthésie. Je suis arrivée aux urgences avec des serviettes de toilettes pour absorber le sang. J'avais vidé le stock de mouchoirs et d'essuie-tout à la maison. Je suis restée sous surveillance plusieurs jours. Mes parents étaient très inquiets pour moi. Ce fut la seconde bataille de ma vie, après quelques années de calme. Pour me faire plaisir, ils étaient arrivés à l'hôpital avec le nouveau camping-car Barbie. C'était un privilège de l'avoir à l'époque ! Il venait tout juste de sortir dans les magasins…

— Dis donc…

— Mais ce n'est pas terminé ! À 7 ans, je me suis fait mordre au visage par la chienne de mes grands-parents. J'étais alors assise sur les marches devant la porte d'entrée. Je ne faisais rien de particulier. Je me souviens qu'elle me regardait, puis elle s'est avancée et s'est jetée sur moi à deux reprises, en me croquant la joue. J'étais défigurée. C'est l'autre chien, Hurion, qui a alors violemment attaqué la chienne en la bloquant au sol, lui évitant ainsi de revenir me tuer. Mes parents eurent juste le temps de me récupérer. Le sang coulait à nouveau, et c'était tout aussi grave cette fois-ci. Mon père a sauté dans la voiture, ma mère m'a prise sur ses genoux à l'avant de la voiture en essayant de me maintenir la joue. Je saignais de partout, près de l'œil aussi. Quand je suis arrivée à l'hôpital aux urgences, personne ne voulait s'occuper de moi… Trop de travail, une importante reconstruction, et surtout, c'était au visage ! Ils ont fait appel à un chirurgien spécialisé. J'ai subi une nouvelle opération chirurgicale, engendrant tout de même une cinquantaine de points de suture et de belles cicatrices. Ils ont fait une anesthésie locale. Je me souviens parfaitement de ce moment. J'étais consciente, je les entendais parler et poser leurs ustensiles sur la table en inox. J'apercevais légèrement cette lumière blanche qu'on trouve en salle d'opérations. Je voyais les rideaux pas très loin, et j'imaginais mes parents derrière. Quelques jours plus tard, je suis ressortie de l'hôpital, mais j'étais dévisagée ! Les cicatrices avaient gonflé et déformé l'ensemble de mon visage.

— Au visage, mais on ne voit plus rien ? s'étonna Sébastien

— Non, c'est vrai. Je ne sais pas par quel miracle, mais mes cicatrices ont presque totalement disparu. J'ai eu beaucoup de chance.

— C'est incroyable !

— Comme tu dis, incroyable, un mystère même ! Puis les ennuis ont continué quelques années encore. À l'âge de 10 ans, j'ai appris que j'étais porteuse d'une anomalie génétique de la thyroïde. La sœur jumelle de ma grand-mère en est décédée. Ma grand-mère, elle, a subi de la chimiothérapie mais elle s'en est sortie. Mon père a été pris en charge in extremis. En fait, toute ma famille paternelle s'est fait opérer, à quelques exceptions près. Je suis la seule des petits enfants du côté Libau à être porteuse de cette anomalie.

— Avez-vous su d'où venait cette anomalie génétique ?

— Oui, ils ont fait beaucoup de recherches, et ont même reconstruit notre arbre généalogique. Il y a plusieurs générations, deux cousins se seraient mariés et auraient eu des enfants ensemble ; voilà comment une maladie apparaît des dizaines d'années plus tard.

— Quelle histoire…

— Bref… J'étais suivie à Paris tous les ans, pour vérifier l'évolution de la maladie. À 14 ans, j'ai reçu un courrier de l'hôpital. Les dernières analyses n'étaient plus très bonnes. Le gêne était en train de muter. Je devais me faire opérer, par prévention, pour éviter que le cancer se déclare. Les médecins m'avaient laissé un an. Je suis donc retournée sur la table d'opération, avec une nouvelle anesthésie générale. J'en ai profité pour me faire enlever les dents de sagesse en même temps… Le réveil fut vraiment très dur. J'ai beaucoup régurgité, entre un état de conscience et d'inconscience, pendant presque 24 heures. Je suis restée une bonne semaine dans cet hôpital, qui était spécialisé dans la prise en charge des patients atteints d'un cancer. Aujourd'hui, l'ablation de la thyroïde est une opération bénigne et finalement assez courante, mais à l'époque, les médecins spécialisés dans ce domaine se faisaient plus rares, et sur des enfants de mon âge encore plus ! Les derniers jours de mon séjour, j'étais autorisée à marcher un peu, alors j'en profitais pour me balader dans les couloirs. Je tenais dans mes mains les drains qui permettaient d'évacuer l'afflux de mauvais sang au niveau de ma gorge. J'ai alors croisé de véritables malades, des personnes qui avaient perdu leurs cheveux et qui étaient parfois en fin de vie. Je me disais que j'avais beaucoup de chance d'avoir été prise en charge avant que le cancer ne se déclare. Alors, tu sais, les hôpitaux, je les ai personnellement fréquentés, et pourtant, j'ai toujours gardé le sourire. Ces expériences de vie m'ont encore plus donné l'envie de vivre et de profiter de chaque instant.

— C'est important. Tu es une personne positive, et même résiliente, ça se voit !

— Je pense qu'il est important de sortir des sentiers battus, de combattre les difficultés, de se relever, de garder espoir et de transformer chaque épreuve pour en voir une opportunité. Bref, tu vas tout connaître de moi après cela !

— Mais je le souhaite… sincèrement ! Je t'écoute attentivement.

— Enfin, je ne sais pas pourquoi je te raconte tout ça. Je suis désolée… Ce n'est pas vraiment joyeux, surtout pour un premier rendez-vous. C'est très personnel… Je ne pensais pas aborder ces sujets là ce soir.

— Peu importe que cela soit gai ou non, cela fait partie de ta vie… et je souhaite la connaître, sauf si cela te gêne. Dans ce cas, on change de discussion. Tu sais, je ne sais pas non plus pourquoi, mais j'ai vraiment envie de tout savoir sur toi. C'est étrange et irrésistible. »

La patronne déposa la bouteille de vin rouge sur la table, et nous apporta nos plats en nous prévenant : « Faites attention, les assiettes sont très chaudes ». J'avais pris du cabillaud au chorizo, avec une poêlée de légumes de saison. Sébastien, lui, avait choisi du cochon de huit heures, accompagné d'un écrasé de pommes de terre maison. Apparemment, cette viande était succulente, et fondait en bouche. La viande était cuite à basse température pendant 8 heures : « La meilleure de tout Paris » m'avait-il dit. Je repris la conversation là où je m'étais arrêtée.

« Comme tu souhaites tout savoir de moi, je vais donc continuer à te parler de ma jeunesse. On sera quitte alors ! On pourra passer à des évènements plus heureux. »

Sébastien me fixait avec grande attention, et acquiesça à mes paroles de la tête. Un chaleureux sourire si rassurant se dessina sur son visage.

« À ces problèmes de santé, s'est ajouté le divorce de mes parents. J'avais alors dix ou onze ans. Je venais de rentrer au collège, quand ma mère est partie du domicile. Alors tu sais, des situations difficiles, j'en ai vécu ! Pour autant, je n'en veux à personne. Un divorce, ce n'est jamais simple. Chacun a de la rancœur envers l'autre. Les enfants sont souvent au milieu du conflit, tiraillés par l'amour réciproque de chacun des deux parents. J'ai essayé de ne jamais prendre parti. Mon frère et moi, nous avions décidé de rester vivre avec notre papa. Notre maman aurait aimé avoir notre garde. Elle s'est même battue corps et âme pour cela. Ce ne fut pas une période simple. Elle est finalement partie travailler à Paris. Je la voyais presque tous les week-ends. Cette situation n'a été facile pour personne, et m'a particulièrement bouleversée. Est-ce que tes parents sont encore ensemble ?

— Oui, j'ai bien conscience que cela est de plus en plus rare après autant d'années.

— C'est sûr… De mon côté, les années sont passées. Quand je devais avoir 15-16 ans, ma mère est revenue en Normandie et avait ouvert son propre commerce à Trouville. J'allais l'aider le samedi et pendant les vacances scolaires. Je connaissais bien le métier. Depuis toute petite, je l'observais ! Puis cela me permettait de passer un peu de temps avec elle.

— Je connais bien Trouville. Mes parents avaient un restaurant à Honfleur !

— Toi aussi, tu en as des choses à me raconter.

— Oui, mais je veux te connaître d'abord, répondit-il avec ce si beau sourire.

— Peu après mes 18 ans, nous nous sommes disputées avec ma maman. Rien de bien méchant… Entre crise d'ado, fierté réciproque, incompréhension mutuelle, la séparation est arrivée sans la voir venir ! J'ai, une fois de plus, bien souffert… Quelques semaines plus tard, je lui ai envoyé un message, mais elle n'a pas répondu. C'est ma tante qui m'a rappelé à sa demande, pour savoir comment j'allais. J'ai été vexée, et j'ai décidé de ne plus jamais la recontacter.

— Grosse séparation effectivement !

— À mes 20 ans, elle m'a envoyé un message. Je n'ai pu lire que les premiers mots « 20 ans… l'âge de la raison ». Tout le reste du texto contenait des caractères chinois ! Je n'ai pas cherché à en savoir plus. Ma décision de ne plus la voir était prise depuis deux ans. J'avais suffisamment souffert comme ça. Je ne voulais plus entendre parler d'elle. Je voulais me protéger. J'avais tourné cette page de ma vie.

— J'imagine ta douleur… Et l'as-tu revue depuis ?

— Non… et je n'envisage pas de la revoir. Pour moi, elle n'existe plus. J'ai fait mon deuil. Je sais que mes paroles peuvent paraître difficiles à entendre vue de l'extérieur, mais…

— Ève, je ne te jugerai pas ! Je respecte ta décision, elle t'appartient.

— Je te remercie Sébastien. Tu sais, toutes les difficultés que j'ai rencontrées et surmontées n'ont fait que renforcer ma personnalité. Cette rupture maternelle m'a fait souffrir. De nature déjà réservée et sensible, je me suis renfermée, et j'ai travaillé, travaillé, travaillé… Alors oui, j'ai réussi dans mes études, mais j'ai beaucoup étudié pour ça ! J'ai obtenu un CDI rapidement à la fin de mon Master, mais là encore, je me suis battue et démenée pour montrer mes capacités et mes qualités. J'ai évolué, à mon rythme, dans une entreprise que j'affectionnais particulièrement. J'ai ensuite changé de société, mais aussi de région. Aujourd'hui, je travaille dans une agence de publicité, après l'annonce de mon licenciement économique par mon précédent employeur. Je me suis souvent demandé ce que j'avais fait pour mériter ça. Les missions me plaisent énormément. Mon nouveau chef est vraiment sympa, avec une très belle philosophie de vie. Voilà, pour te résumer les grandes lignées de ma vie. Tu sais tout de moi maintenant… ou presque !

— Tu vois toujours ton père ?

— Bien sûr ! Mon papa, c'est mon héros. C'est une personne vraiment importante pour moi. Bon, parle-moi un peu de toi maintenant, car moi aussi, j'ai envie de te connaître !

— Que veux-tu savoir de moi ?

— Tout !

— Tu as du temps ?

— Tout le temps qu'il faudra ! répondis-je en lui faisant un clin d'œil.

— De mon côté, j'ai passé mon enfance à Honfleur, avec mes parents. Comme je te le disais tout à l'heure, ils sont toujours ensemble. Le grand amour, depuis le premier jour. Ils ont même décidé de travailler ensemble, ils tenaient un restaurant. Mon père était le chef en cuisine, et ma mère assurait l'administratif et le service. J'ai un grand frère, Sam. Ma vie a été beaucoup plus simple que la tienne. J'ai fait des études commerciales, puis je suis venu à Paris pour y faire carrière.

— Tu as atteint ton objectif.

— Oui. Certes, j'ai réussi professionnellement mais je n'ai pas forcément trouvé le bonheur. À bientôt 36 ans, je me pose beaucoup de questions…

— Pour moi, l'âge, c'est dans la tête. C'est avant tout un état d'esprit.

— Oui, tu as raison.

— Et qu'est-ce que tu te poses comme questions ?

— J'aime mon travail, mais j'ai dû faire des concessions. J'ai notamment mis de côté ma vie personnelle. J'aimerais avoir une vie de famille, des enfants. Par exemple, je me demande s'il n'est pas mieux de moins bien réussir professionnellement et d'être heureux personnellement. Le temps passe, et il me manque quelque chose. Beaucoup de personnes croient que le bonheur se trouve au travail, mais pas seulement. En fait, cette notion de bonheur est propre à chacun. Certains seront heureux en passant leurs journées et leurs nuits au boulot, d'autres le seront en restant uniquement auprès de leurs enfants. Pour moi, il y a un équilibre à avoir, et malheureusement, je ne l'ai pas aujourd'hui. J'aime mon travail, mais ce n'est pas suffisant à mes yeux. Je n'ai pas envie de mourir et n'avoir personne à qui léguer ce que j'ai pu acquérir par le fruit de mon travail. J'approche la quarantaine, je me pose beaucoup de questions. Le temps passe, l'horloge biologique tourne…

— Je comprends. Et aujourd'hui, serais-tu prêt à consacrer du temps à une femme ?

— Oh oui ! C'est même ma priorité. D'ailleurs, je ne t'en ai pas encore parlé, mais c'est étrange avec toi…

— Comment ça ?

— En fait, plus tu me parles, plus je t'observe, plus j'ai l'impression de te connaître. C'est difficilement explicable, mais la première fois que je t'ai vu au Street Pub, j'en ai eu des ressentis physiques, comme des frissons qui me traversaient le corps.

— Pourtant, on ne se connaît pas, mais si ça peut te rassurer, moi aussi j'ai eu ces symptômes en te voyant ce soir-là !

— C'est vrai ? rétorqua-t-il les yeux pétillants

— Oui, et ça a d'ailleurs bien fait rire l'une de mes amies. Elle me disait que mon cœur avait parlé ! Nous avons d'ailleurs beaucoup échangé sur ces sujets-là. Si j'ai bien compris, l'Humain serait composé d'un corps physique et d'une âme.

— Je crois moi aussi que nous avons une Âme.

— Il y aurait, en plus du corps physique, différents corps invisibles pour la plupart d'entre nous. Cela s'appellerait l'aura, et elle aurait une couleur différente selon les individus. L'âme peut se manifester au travers notre corps physique, pour s'exprimer et véhiculer des messages. Ce serait pour cette raison que j'aurais ressenti ces frissons en te voyant. Après, je t'avoue que je ne pourrais pas t'en dire plus, car c'est un peu flou pour moi. Ce soir-là, j'étais plutôt perdue dans mes pensées en t'observant. Je n'ai pas tout suivi. Cela me semble tellement vaste comme sujet. Mon amie Cathy est passionnée par tout ça et en a fait son métier. Elle est énergéticienne. Elle a complètement changé d'orientation professionnelle, et elle est allée au bout de son rêve en se mettant au service de l'humain. Je déjà testé une fois ses soins, c'est bluffant, et elle a de très bons résultats avec ses clients.

— En même temps, tu me dis qu'elle est passionnée… Quand tu fais les choses avec passion et que tu y mets toute ton énergie, les résultats ne se font pas attendre. Je suis même sûr qu'elle n'a pas l'impression de travailler en exerçant son activité, si elle le fait avec plaisir. »

La soirée se poursuivit. La patronne débarrassa nos assiettes vides. C'était succulent et divinement bien cuisiné. Elle nous apporta par la suite nos desserts. Nous continuâmes d'échanger avec Sébastien sur nos passions réciproques.

En fin de repas, nous nous regardâmes, yeux dans les yeux. Je n'eus plus rien à lui dire, lui non plus. Ce moment de silence dura une bonne dizaine de minutes, et pourtant, c'était agréable, reposant. Le temps n'eut plus d'importance et sembla figé. Nous fûmes comme dans une petite bulle, dans un autre monde. Sébastien continua de plonger son regard au plus profond de mes yeux. Le serveur nous interrompit pour nous proposer un café. Nous retrouvâmes nos esprits. Sébastien me proposa ensuite de me ramener chez moi.

Une fois arrivés devant mon immeuble, Sébastien se gara dans la rue, sans éteindre le moteur de sa voiture.

« Je te remercie pour cette très belle soirée, Ève.

— Le plaisir est partagé Sébastien. C'est moi qui te remercie pour cette invitation, et ce moment passé ensemble. C'est très aimable de ta part. J'ai apprécié ta présence.

— Moi aussi Ève...

— Souhaites-tu venir boire un verre chez moi ?

— C'est gentil, je te remercie, mais je préfère rentrer chez moi.

— D'accord... je te souhaite une bonne nuit alors.

— On se recontacte très vite. Fais de beaux rêves Ève. »

Il approcha son visage du mien et posa ses lèvres sur ma joue pour me faire un léger baiser. Je ressentis à nouveau son odeur enivrante de parfum. Je sortis de la voiture, émue mais aussi contrariée, car il avait refusé de monter chez moi. J'aimais sa présence, et j'aurais aimé passer encore plus de temps avec lui. Je lui fis un rapide signe de la main avant d'entrer dans mon immeuble.

Quelle soirée ! Je poussai la porte de mon appartement. Je partis me déshabiller, me démaquiller, et me laver les dents. Je me regardai dans le miroir. Je me demandai ce qu'il avait pu penser de moi. Après ces mois passés, j'avais retiré une partie de mon masque. Je m'étais petit à petit ouverte à ma façon. Il ne m'avait fait qu'un seul compliment en me voyant arriver au bas de l'immeuble. Et voilà, à nouveau, je recommençai à douter. J'eus du mal à trouver le sommeil ! Je repensai à cette rencontre, à nos échanges, à nos parcours de vie certes différents mais finalement avec de nombreuses similitudes. Je regardai régulièrement mon téléphone, mais je ne reçus aucun message. Je me demandai bien pourquoi il avait refusé de monter prendre un verre. Normalement, un homme ne refuserait pas cette invitation ! Un afflux de pensées apparut dans ma tête. Elles se bousculèrent les unes après les autres, sans pour autant trouver de réponse. Mon esprit s'emballa, et je n'arrivai plus à le stopper. Exténuée, je réussis finalement à trouver le sommeil vers deux ou trois heures du matin.

Respire

« Mon passe-temps favori,
c'est laisser passer le temps, avoir du temps,
prendre du temps, perdre son temps,
vivre à contre temps. »
Françoise Sagan

Dimanche 19 novembre 2017

Le lendemain matin, les yeux encore fermés, je pris mon téléphone pour consulter mes messages. Je n'avais rien reçu dans la nuit. Sébastien m'avait-il déjà oubliée ? J'aurais pu moi aussi lui envoyer un message, mais j'avais trop de principes. Ne jamais recontacter un homme en était un parmi tant d'autres. Je préférais patienter. J'étais décidée à me changer les idées et ne pas rester enfermée dans mon petit appartement parisien, où le manque d'espace se faisait cruellement ressentir. Ma vie avait déjà eu beaucoup de bouleversements récemment ; inutile de rajouter une sensation d'étouffement.

Après une bonne douche, je descendis en direction du café du coin, qui préparait le dimanche matin des brunchs succulents. J'y allais souvent, ce qui m'évitait de faire à manger. Seule, je n'en éprouvais ni l'envie ni le besoin… Pourtant, cette fois-ci, j'avais décidé de ne pas manger sur place, parmi la foule, dans ce brouhaha ambiant. J'avais besoin d'air, de calme, de nature, de verdure. Ce séjour en Normandie me manquait déjà, et j'aurais aimé y retourner plus souvent. J'allais m'organiser, car j'en avais envie, pour ne pas dire besoin. Je voulais prendre le temps, seule, immobile, vivre chaque instant dans ce présent. Le temps s'était arrêté à l'annonce de mon licenciement, puis il était repartit avec ce nouvel emploi. J'avais fait de belles rencontres, mais je n'avais pas repris ce temps, pour moi, en moi. Le moment était venu de le vivre pleinement, naturellement, maintenant.

Arrivée au Parc des Buttes-Chaumont, il y avait déjà du monde… Je me dirigeai vers un petit coin isolé. Je m'assis sur la pelouse, près d'un grand arbre. J'entendis les oiseaux chanter de douces tonalités qui effleurèrent mes oreilles. Je pris le temps de déjeuner. C'était presque froid, mais peu importe, je me régalai. C'était un petit plaisir de la vie, que je m'offrais au gré de mes envies. Tout était réuni pour que je puisse m'apaiser, me ressourcer, mais surtout respirer ! Oui, inspirer, expirer, respirer ; cette mécanique a priori simple, et pourtant trop souvent oubliée… Cathy m'en avait déjà longuement parlé. Ses mots retentirent « Respirer permet d'oxygéner son corps, c'est une façon de déstresser instantanément ».

Adossée le long d'un arbre, je posai ma main sur le bas de mon ventre, et par mon nez, je fis rentrer cet air frais en mon corps. Je sentis qu'il se gonflait. Je bloquai alors ma respiration quelques secondes. Enfin, je soufflai lentement par ma bouche. Je discernai alors cet air chaud effleurer délicatement mes lèvres. Je recommençai. Chaque partie de mon corps se détendit, mon esprit enfin s'apaisa, naturellement, lentement, progressivement. Le temps fut comme suspendu en ce lieu, en mon jardin secret. Seul le présent et tous mes ressentis eurent une importance, et prirent sens. Une évidence. J'existais, je vivais, mais surtout je respirais. Mes pensées s'effacèrent progressivement, simplement, posément. Je perçus ce calme intérieur, loin de toute agitation extérieure. Je ressentis soudainement cet arbre, contre lequel j'avais apposé mon dos. C'était à la fois indescriptible, mais aussi magique, magnifique. Je sentis comme un tourbillon, une énergie qui envahissait progressivement mon corps, pour le rassurer, le réconforter, le recharger. Du haut de ma tête, jusqu'au bout de mes orteils, quelque chose d'inexplicable me parcourut, comme pour me relier à cette terre. Une fusion, une union, qu'il m'était alors impossible d'expliquer. Mon corps détendu était posé, ici et là. Je m'évadai, je respirai. La vie, simple et infinie !

Je pris alors conscience que je venais simplement, naturellement, de méditer… J'avais réussi à prendre du recul, et à lâcher prise, enfin ! J'étais présente ici, j'avais vécu l'instant présent, sans jugement. Mon mental fut apaisé, mon esprit était parvenu à un état de calme. J'avais observé, je m'étais observée intérieurement. J'avais réussi à me recentrer en mon for intérieur, à ressentir les émotions et les sensations physiques en moi. J'avais tellement de croyances. Pendant longtemps, j'avais assimilé la méditation au yoga. Mon raisonnement était très limitant, car c'était deux choses bien distinctes, mais néanmoins complémentaires… Je voyais aussi en la méditation une forme d'idéologie, une appartenance à un groupe, à un mouvement. Je ne connaissais pas. J'avais alors jugé, trop facilement, trop rapidement. « Notre mental a besoin de contrôler et d'être sans cesse rassuré », voilà les paroles de Cathy. Changer, expérimenter, aller vers l'inconnu pouvait m'effrayer. En envisageant ou en essayant quelque chose de nouveau, cela avait provoqué des émotions en moi, comme la peur, de manière inconsciente. Je comprenais alors mon malaise, mes doutes. Le temps avait œuvré. J'en avais désormais conscience, mais ma vie n'avait pas pour autant pris sens…

Empathie

« L'empathie est le talent
le plus précieux de l'être humain. »
Meryl Streep

Lundi 20 novembre 2017

Luc m'appela dans l'après-midi et me demanda de le rejoindre à son bureau. Je traversai le couloir pour arriver devant sa porte.

« Entre, Ève. Assieds-toi. Je voulais te parler des formations. Nous avions déjà évoqué ce sujet dernièrement.

— Oui, je me souviens Luc.

— Je pensais te proposer des formations sur le langage non verbal et l'empathie... Qu'en penses-tu ?

— Bien sûr, je suis partante !

— Tu dois pouvoir faire de ta sensibilité une force. C'est notamment grâce à elle que tu pourras développer ton intuition.

— Qu’est-ce que l’empathie selon toi, Luc ? Tu m’en avais parlé lors de mon entretien d’embauche. Je me suis posée beaucoup de questions à ce sujet. Je fais attention aux autres…

— L’empathie est un formidable levier de communication. À mon sens, c’est une grande qualité humaine. Être empathique, c'est écouter activement, et non pas seulement se contenter d’entendre. C’est porter réellement son attention sur l'autre personne. Être empathique, c'est aussi observer les comportements, les gestes, le langage non verbal. C’est communiquer et échanger, sans préjugé. C'est la capacité de se mettre à la place d'une autre personne pour ainsi percevoir ses pensées, ses émotions, ou ses sentiments. C'est comprendre son état d'esprit sans jugement. Ce n'est ni de la compassion, qui consiste à ressentir les mêmes choses, ni de la sympathie, qui consiste à avoir une affinité. Être empathique n'est pas forcément quelque chose d'inné, mais ça se cultive ! L'empathie peut être développée dès le plus jeune âge. Au Danemark par exemple, les cours d'empathie sont obligatoires et dispensés à raison d'une heure par semaine. En France, quelques écoles suivent ce chemin, avec de très bons résultats.

— C’est très gentil Luc de me proposer ce type de formations, alors que je viens à peine d’arriver…

— A l'ère du digital et de l'intelligence artificielle, l'accès à l'information est accéléré et facilité. Le monde du travail change, les métiers et process évoluent. Il faut se rendre à l'évidence, être diplômé ou même excellent dans un domaine ne suffit plus, car ce que nous avons appris, parfois assez technique, évolue, et continuera d'évoluer dans les années à venir ! Sociétés comme collaborateurs doivent donc s'adapter. C'est parfois un besoin, voire même une nécessité pour nos organisations. C'est la loi de l'offre et de la demande, de la compétitivité dans un environnement totalement décloisonné à l'heure de la mondialisation. Alors l'entreprise, si ce n'est déjà fait, a tout intérêt à se recentrer et valoriser son capital humain, car c'est une ressource stratégique, un élément différenciant, ou encore un enjeu de croissance et de développement. De plus en plus de recruteurs et d'entreprises recherchent chez un candidat ou un salarié des soft skills, des qualités humaines et comportementales, en opposition aux habituelles hard skills, des compétences techniques.

— Je te rejoins dans ton raisonnement Luc, c'est très juste…

— Selon la règle des 3V d'Albert Mehrabian, reprise dans de nombreuses études, 7% de notre communication serait verbale, c'est-à-dire les mots. 38% serait vocale (l'intonation et le son de la voix) et 55% serait visuelle (les gestes et/ou les expressions du visage). Ainsi, 93% de la communication serait non verbale.

— Luc, je te fais confiance. Inscris-moi aux formations que tu juges utiles ou nécessaires. Je suis volontaire, j'y participerai avec beaucoup d'intérêt.

— Merci pour ta confiance. Mon rôle est aussi de t'accompagner et de t'aider à grandir. »

M'aider à grandir ? Que voulait-il dire ? M'élever ? M'orienter sur mon chemin ? M'aider à donner sens à ma vie ? Je ne voulais pas repenser à toutes ces questions, tel un dialogue sans fin. Je respirai quelques minutes, quelques instants. Tout arriverait au plus juste moment. Je devais déjà être empathique avec moi-même, comprendre et accepter mes émotions, porter attention aux signes de mon corps, et ainsi arrêter de me juger. C'était un début, un travail que je devais faire. La vie m'apportait déjà de multiples occasions d'en prendre conscience… C'était en cela qu'elle était aussi merveilleuse. De petits cailloux était déposés sur notre chemin pour nous orienter, libre à chacun de les ramasser ou de les laisser. Le libre arbitre… Cathy m'en avait déjà parlé. Je comprenais mieux désormais.

Émotions

« Pratiquer la patience est la manière
la plus efficace de préserver la paix de l'esprit. »
Dalaï Lama

Ma journée de travail terminée, je rentrai chez moi. Je n'avais pas eu plus de nouvelles de Sébastien depuis ce fameux samedi soir. Je pensai désespérément à lui, installée dans mon canapé. Cet homme m'intriguait et me plaisait tant. Mon téléphone sonna à cet instant précis :

Merci infiniment pour cette belle soirée ! J'aurais vraiment aimé prendre un verre chez toi, mais je ne veux pas précipiter les choses avec toi... Bisous

Je fus à la fois contente d'avoir de ses nouvelles, mais aussi terriblement énervée. Pas un signe de vie depuis deux jours, pas un seul message, et là, pas une excuse ! Je lui en voulais… Non seulement je n'étais pas patiente pour deux sous, et qui plus est, attendre une réponse ou quelque chose faisait naître chez moi une incroyable agitation intérieure. Les émotions qui s'en suivaient devinrent envahissantes. J'eus des sentiments de colère puis de tristesse. Et autant le dire, je pouvais être rancunière… Après tout, j'avais été capable de ne plus revoir et d'oublier ma mère depuis toutes ces années, alors je n'allais pas me laisser faire par le premier venu. Je décidai de ne pas lui répondre immédiatement.

Les minutes passèrent, mais l'envie se fit de plus en plus forte. Cela en devint presque une obsession ; mince alors, je n'allais quand même pas être à sa merci. Lui ne s'était pas soucié de moi. Envoyer un message, cela ne prenait pas une heure ! Il allait patienter un peu, cela allait lui apprendre ! Je poursuivis ma lecture, un roman fiction, dans lequel le personnage principal, Maxime, était parti pour une aventure humaine et se retrouvait à faire des choix dans des situations hasardeuses. Une heure plus tard, mon envie demeura plus forte que tout, je n'arrivai plus à me concentrer sur l'histoire du livre. Je ne pus plus attendre ! Mon cœur me dit de le contacter, ma raison d'attendre. Un combat de titans recommença dans ma tête : oui, non, oui, non, oui, non, tout à l'heure, non demain, oui maintenant, non attends… Grrrr. J'acceptai mes émotions, pour interrompre cette querelle intérieure en répondant à son message. Cela aurait au moins le mérite de me libérer l'esprit. Et puis, apparemment, il fallait suivre ses envies, la voix de son cœur ; c'était bien ce qui était écrit dans le roman que j'étais justement en train de lire ! Le gars devait faire des choix, suivre son intuition. Il se fiait aux détails les plus insignifiants, et il prenait des décisions irrationnelles défiant parfois toute logique. D'ailleurs, était-ce un message que je devais recevoir, précisément en ce moment-même ? Car si je comparais bien, je devais moi aussi faire un choix…

Je saisis mon téléphone, pour y saisir un bref message. Je voulais bien lui répondre, mais je n'allais pas non plus écrire un roman ! Et puis, après tout, lui aussi avait envoyé un message très succinct.

Bonsoir Sébastien, je m'inquiétais de ne pas avoir de tes nouvelles…

Oh Ève… je suis désolé de ne pas t'avoir donné de mes nouvelles plus tôt. J'avais un tournoi de tennis hier, et aujourd'hui, j'ai enchaîné les rendez-vous ! Mais sache que je ne t'ai pas oubliée…
Il est tard maintenant, mais je t'appelle demain soir, d'accord ? Fais de beaux rêves.

D'accord. À demain... Bonne nuit.

Je verrais s'il tiendrait parole le lendemain. Il était 21h30 et lui considérait qu'il était tard. Un point de divergence visiblement. C'était pourtant son avis, son opinion, ses pensées. Rien de tout cela ne m'appartenait. Je devais lâcher prise…

J'en profitai alors pour me demander ce qui me dérangeait, au plus profond de moi. Pendant ce long silence, mes émotions m'envahirent, à nouveau. J'eus peur, mais je n'osai me l'avouer. Peur qu'il m'échappe, peur de son indifférence, peur de ne pas pouvoir le connaître plus… Je ne voulais plus souffrir, et la perspective d'accorder à nouveau ma confiance me faisait déjà trembler. J'avais déjà donné ces années passées, allant d'échecs en échecs. Pourquoi ma vie n'avait-t-elle jamais été simple ? Je me le demandais encore si souvent. C'était un peu comme si je devais surmonter les difficultés les unes après les autres, sans jamais toucher du doigt le bonheur durable, cet état de sérénité. J'étais constamment stressée, mais voir Cathy épanouie m'incitait toutefois à croire que c'était possible de trouver la paix intérieure. J'allais encore devoir patienter, des minutes, des heures, des jours et des années supplémentaires. Progressivement, mes émotions se dissipèrent, au fur et à mesure que je les acceptai. Le calme revint. Ma journée eut raison de mon corps. Fatiguée, j'éteignis les lumières, et je m'endormis…

Maintenant

« Plus tard, il sera trop tard.
Notre vie, c'est maintenant. »
Jacques Prévert

Mardi 21 novembre 2017

Je passais boire un café chez Cathy à son domicile en fin de journée, ce mardi. Elle habitait à quelques rues seulement de mon travail.

« Salut Ève ! me dit-elle en m'ouvrant la porte. C'est gentil de passer à la maison.

— Je ne vais pas rester très longtemps.

— Comment vas-tu ?

— Bien. Aurais-tu un rendez-vous à me proposer pour que je vienne te voir en soin ? Je suis prête, je le sens. Le moment est venu…

— C'est une bonne chose ! me répondit-elle en me faisant un clin d'œil. »

Elle se leva et se dirigea vers son entrée. Elle revenait avec son carnet de rendez-vous. Elle feuilletait les pages.

« Je peux te proposer jeudi à 17h… j'ai un créneau de libre.

— C'est parfait. Je vais m'organiser. C'est bon pour moi. Quelle chance d'avoir un rendez-vous si vite !

— Un désistement de cet après-midi comme par hasard, ajouta-t-elle en souriant. On dirait que tout a été organisé pour que tu puisses venir rapidement. Ça doit être vraiment le moment pour toi, car d'habitude, je n'ai pas de disponibilité avant deux ou trois semaines. Nous verrons jeudi ce qui t'attend. Prends un sucre pour ton café si tu veux.

— Je te remercie, mais je ne vais pas en prendre… Je n'en éprouve plus vraiment le besoin depuis le soin que tu m'as fait. Ton activité se développe bien alors ?

— Oui, très bien. Mon agenda se remplit assez vite. Même quand j'ai des doutes ou des journées plus calmes, j'ai toujours un appel imprévu pour me demander un rendez-vous, la preuve encore ce soir.

— C'est super !

— Oui ! Vraiment, je ne regrette pas mon choix. C'était une évidence de toute façon. Je savais que le moment était venu pour moi de me mettre à mon compte.

— Tu étais faite pour ce métier. Tu as toujours été soucieuse du bien-être des gens et de ton entourage.

— Merci Ève ! C'est très gentil à toi de me le dire.

— Je t'en prie, c'est sincère tu le sais.

— Je n'en ai jamais douté ! Et toi, le boulot ?

— Tout se passe bien dans ma nouvelle boîte. Le directeur est très sympa. C'est bizarre, mais j'ai l'impression qu'il est un peu comme un guide pour moi, comme pour m'accompagner sur mon chemin. C'est dur à expliquer, mais je le ressens comme ça.

— Tu sais qu'il n'y a jamais de hasard dans nos rencontres Ève…

— Il m'apporte beaucoup par ses pistes de réflexions. Il me pousse à en découvrir encore plus, sur de nombreux sujets, que nous abordons également toutes les deux. Je commence à penser qu'un jour, je changerais de domaine. Ce qui me préoccupe en ce moment, c'est plutôt tout ce que je découvre.

— Chaque chose en son temps, Ève.

— Oui… Nous en reparlerons jeudi ! Bon, ce n'est pas que je m'ennuie, mais je vais devoir y aller. On se voit dans deux jours de toute façon, je suis impatiente de découvrir ce qui m'attend… »

Fusion

« L'amour est un secret entre deux cœurs,
un mystère entre deux âmes. »
Henri-Frédéric Amiel

J'arrivai chez moi. Mon téléphone sonna. Sébastien… son nom s'afficha sur mon écran. Un sourire se dessina sur mes lèvres. Il avait tenu promesse. Mieux que cela, il était en bas de mon immeuble. Je l'invitai alors à monter…

« Ça ne te dérange pas, tu es sûre ?

— Évidemment que non, je t'ouvre la porte… Je suis au sixième étage, prends le petit escalier sur ta gauche en entrant dans le hall.

— D'accord, j'arrive. »

Je l'attendis sur le palier, en haut de l'escalier. J'entendis ses pas monter les marches à vive allure, ainsi que sa respiration se faisant de plus en plus forte. Enfin, il était là, devant moi. J'eus le sourire aux lèvres et un puissant sentiment de joie s'empara de moi. Il posa délicatement un baiser sur ma joue. Il me fixa, je ne sus que penser… Il m'avait manqué. Cela ne faisait pourtant que quelques jours que je ne l'avais pas vu. Je l'invitai à me suivre, et puis à rentrer dans mon modeste appartement.

« Voilà mon chez moi. Ce n'est pas Versailles, mais je me sens bien ici.

— Ève, ne te justifie pas ! Je ne suis pas venu pour découvrir ton lieu d'habitation, mais simplement pour te voir. Je voulais te faire une surprise.

— Ta visite me fait plaisir, sincèrement.

— J'espère vraiment que cela ne te dérange pas que je passe à l'improviste. Ce n'est pas dans mes habitudes, mais… tu… enfin… j'en avais très envie… envie de te regarder, de te voir… puis, tu… mince, je ne faisais que penser à toi Ève ! »

Je restai bouche bée après ces révélations. Nos sentiments semblèrent déjà si forts l'un pour l'autre alors que nous nous connaissions que depuis si peu de temps. Je m'avançai vers lui. Je me collai contre son corps, et je posai ma tête sur son épaule. Je fermai les yeux, je respirai, je savourai cet instant. Il me caressa délicatement, par effleurement. Il m'enlaça avec ses bras. Je relevai la tête, et je l'observai. Un regard échangé, un baiser honoré, un sourire partagé. Ici, nous fûmes réunis. De longues minutes de silence passèrent. Nous profitâmes de notre présence, l'un à l'autre, simplement, naturellement.

Il passa sa main dans mes cheveux. Son regard plongea dans le mien. Il me chuchota délicatement quelques mots, au creux de mon oreille :

« Ève, ne crois pas que je t'ai oubliée durant les jours passés. Je voulais prendre mon temps, car tout ce qui m'arrive, c'est fort. J'ai aussi peur… peur de souffrir. Je sens cette attirance pour toi. Elle n'est pas que physique, elle est bien plus que cela. Je crois que tu ne l'imagines pas. Tu me troubles tant, je ne sais l'expliquer… »

Je rapprochai alors ma bouche de la sienne. Sur le coin de sa lèvre, j'y déposai les miennes. Je l'effleurai délicatement, comme pour lui demander la permission de lui en donner plus. Son regard acquiesça rapidement. Je l'embrassai, tendrement, affectueusement, sans ajouter un mot. Il me serra encore plus fort contre lui, je fus envoutée. Je sentis ses mains passer sur mes épaules et sur mon dos, puis descendre le long de mes hanches. Le désir commença à monter. Je le sentis, il le sentit. Immobile, contre lui, il me fixa toujours avec insistance, et tant de profondeur. J'entendis désormais les battements de son cœur. Je commençai à parcourir son corps. Je pris plaisir à le découvrir, au travers ses vêtements, comme un avant-goût qui ne manqua pas d'éveiller mon appétit. Je déboutonnai les premiers boutons de sa chemise, pour passer ma main contre son torse, qui dans un élan incontrôlé se retrouvera sous la ceinture de son pantalon chino. Il était un peu musclé, ni trop, ni trop peu, juste ce qu'il fallait, comme je l'aimais. Ses mains arrivèrent sur mes fesses, avec douceur, pudeur. Subtilement, mes doigts glissèrent comme de la soie contre sa peau, lisse, douce et peu velue. Il me retourna ; j'étais face au mur. Il se colla contre moi, je ressentis son étreinte. De longues minutes passèrent, dans un silence absolu et presque monacal, sous couvert de caresses agréables et tout aussi troublantes.

Derrière moi, torse nu contre mon dos, peau contre peau, nous étions maintenant dévêtus. Il passa ses doigts contre mes jambes, en remontant lentement ; puis il les écarta placidement. Il posa sa main gauche contre mon bassin et me cambra légèrement. Celle de droite effleura mon sein. Cette partie était si délicate, soyeuse, charnelle, jusqu'à ce qu'elle devienne totalement désensibilisée par tant d'excitation. De la tendresse, de l'amour pur et divin... Tout lui était permis, cet échange était le nôtre. Loin de me posséder, il pouvait abuser de ma chair, autant que je ferai bon usage de la sienne. Plus aucune barrière ne nous séparait, seule la perte de contrôle existait. Il continua de m'embrasser, du bout des lèvres puis avec sa langue, dans le cou, pour mordiller délicatement mes oreilles. Je sentis sa respiration se cadencer, au rythme des mouvements qui parcoururent mon corps, extérieurement, puis intérieurement. Je ne pus le voir, mais je le ressentis encore plus fortement. Il fut maître de mon corps, que je lui laissai découvrir et parcourir au gré de ses envies, de ses désirs, et de ses fantasmes. J'aimai sa prudence et sa prévenance, tout autant que son ardeur et la chaleur qui se dégagea. Il vint me chercher dans les profondeurs, par des va et vient avec tout autant de douceur. Il inspira profondément, marqua une pause, toujours contre moi, mais surtout en moi. Son corps humide se figea à l'instant même où je commençai à gémir. Tous deux comme paralysés par cet élan d'épicurisme, le temps sembla suspendu. Quelques longues secondes passèrent, je pris alors ma respiration à pleins poumons par tant de désir et de plaisir. Mon cœur palpita, encore plus fort, encore plus vite, pour se cadencer au rythme du sien. Boum, boum… Les frissons envahirent simultanément nos corps respectifs. Nous ne fîmes plus qu'un. Nous fûmes l'un et l'autre, comme suspendus, en flottaison dans cet air, à observer cette fusion, telle une fervente flamme de la passion.

Il passa la nuit à la maison, collé contre moi. Ses bras me rassuraient, et je m'y sentais protégée. Un nuit d'amour, comme je l'avais rêvé, imaginé. Il n'était pas timide, il n'avait pas froid aux yeux, non… il brûla d'excitation. Il me le fit ressentir avec émotion, et me consomma sans modération. Notre soirée s'était terminée tard dans la nuit, pour ne pas dire au petit matin, après une longue douche qui nous permettait de profiter à nouveau de notre union fusionnelle, après un réveil nocturne, comme pour réenchanter nos cœurs, et à nouveau jouir de bonheur. La raison n'avait plus sa place entre nous. Nos corps s'étaient abandonnés l'un à l'autre, sans retenue aucune. Les prémisses de cet amour naissant étaient la promesse de jours heureux, sous le meilleur des auspices, à deux.

Pardon

« Pardonner, c'est rendre sa liberté à un prisonnier, et se rendre compte que le prisonnier, c'était vous... »
Lewis B. Smedes

Mercredi 22 novembre 2017

Ma journée était sur le point de se terminer. Je n'avais pas eu de nouvelles de Sébastien. J'étais triste, mais je n'osais pas le déranger, car je le savais occupé. Je fus à nouveau perdue dans mes pensées. Luc passa dans le couloir, puis il fit quelques pas en arrière pour s'arrêter devant la porte de mon bureau.

« Tout va bien Ève ?

— Oui, oui…

— Tu sais que tu as quelque chose avec les cartes ?

— Quoi ? »

Ses mots me surprirent, pensant encore à Sébastien.

« Oui, les cartes.

— Je ne comprends pas, Luc…

— Tu ne vois peut-être pas encore…

— Là, je t'avoue que je ne te suis pas du tout, de quoi me parles-tu ??

— Ève, tu as déjà entendu parler de la tarologie ?

— Oui, ma mère utilisait le tarot de Marseille, donc je connais un peu.

— Explore cette piste, tu en as toutes les capacités…

— C'est ma mère qui utilisait ces jeux, pas moi. Je ne sais même pas si je dois y croire, mais je n'ai pas trop envie de me référer à elle. Ce passé est encore trop douloureux… »

Luc entra dans mon bureau et ferma la porte.

« Ève, excuse-moi, pourquoi ce passé est-il douloureux ? »

Il me fixa, mais son regard était rempli de bienveillance. Ce ne fut ni le lieu ni le moment pour parler de cette situation, pour autant, je lui faisais confiance. J'eus envie de lui raconter une partie de mon histoire. Je savais que ses paroles étaient empreintes d'une grande sagesse, qu'il le faisait pour m'aider. Je pris une grande respiration, avant de lui lâcher quelques mots.

« Je ne vois plus ma maman depuis quinze ans. Nous sommes fâchées. J'ai mal vécu la séparation. Aujourd'hui, je lui en veux terriblement. J'ai l'impression d'avoir été abandonnée. Trop de larmes ont déjà coulé. J'ai alors fermé une porte, à double tour... non... à triple tour ! J'ai jeté la clé, et je ne veux plus la revoir.

— Ève, tes mots, MOTS, expriment tes maux, MAUX. On le ressent, je le ressens. Tu as bloqué tout sentiment, masqué toute émotion, intérieurement et extérieurement.

— Je veux me protéger.

— Te protéger de qui, de quoi ?

— De ma maman. Je ne veux plus souffrir.

— Parce que tu crois que tu ne souffres pas en ce moment ? Tu as tout bloqué, tu t'es renfermée, tu as refoulé tes propres émotions. C'est ton mental qui a pris le contrôle de ta vie, et ce à tes dépends. »

Il passa derrière moi et posa ses mains sur mes épaules.

« Tu sens comme ton dos est tendu quand j'appuie juste là ? Ton corps est verrouillé Ève. Ton âme est calfeutrée, comme emprisonnée. Ton passé est douloureux car tu ne l'as pas accepté, et tu vis dans les regrets. Peut-être même culpabilises-tu ? Pour te libérer de cette souffrance, il faut pardonner, et se pardonner à soi aussi. Si tu parviens à emprunter ce chemin, celui du pardon, si tu parviens à suivre cet instinct, celui de l'amour, ensemble, ils prendront le pas sur la haine, la colère, l'incompréhension et la rancœur. Enfin, tu pourras sortir de ta propre prison, celle que tu t'es construite. Ce pardon ne sera pas facile, il te faudra sûrement faire un important travail, en toi, pour toi… Mais cela est nécessaire si tu veux t'acquitter de ce poids que tu portes sur tes épaules, et ne plus avoir les larmes aux yeux quand on parle de ta maman.

— Je ne pourrais oublier ce passé…

— On ne te demande pas de l'oublier, Ève, simplement de l'accepter pour t'en libérer. Ce passé, il t'a permis d'être celle que tu es aujourd'hui. Ces évènements t'ont fait souffrir, mais c'est aussi grâce à eux que tu t'es construite. Ne l'oublie jamais, tout a sa raison d'être. Le pardon est libérateur, salvateur. Tu t'es emprisonnée, et toi seule retrouvera la clé de cette porte. Tu l'as jeté me disais-tu tout à l'heure ?

— Oui, c'est du passé. Mon deuil est fait.

— Ton deuil ? Il ne sera jamais fait tant que tu n'auras pas pardonné. Cherche le double de ces clés, celui qui te permettra d'accéder à un état de paix. Il y a toujours une solution. Tu sais, à vouloir fuir ton propre destin, il te poursuit et finira par te rattraper un jour ou l'autre, dans cette vie ou dans une autre. Ce pardon, ton Âme devra le faire à un moment donné ! Seulement quelques ingrédients sont nécessaires pour accorder ce pardon ; une dose de courage, un soupçon d'éveil, un zeste de volonté et beaucoup d'amour... »

Luc resta calme ; moi je tremblai comme une feuille, si fébrile et fragile. Mes yeux se remplirent de larmes que j'essayai de contenir. J'avais appris à le faire tant de fois. Ses paroles résonnèrent en moi. Ses mots me touchèrent. Il avait appuyé là où cela faisait mal, non pas pour me blesser, mais pour me montrer un chemin, celui que je n'avais jamais envisagé d'emprunter. Sa main était restée posée sur mon épaule, je la sentis. Je ressentis aussi toute sa bienveillance et toute la justesse de ses mots. Il me faudrait du temps pour y réfléchir ; je ne pouvais revenir sur ce passé du jour au lendemain. Il avait raison, je n'avais pas pardonné, ni à ma maman, à moi-même. J'avais souffert, je lui en voulais, je me sentais comme abandonnée, isolée, dans mes propres profondeurs. Je naviguais seule depuis toutes ces années, sans guide maternel. J'en avais même peur de devenir maman à mon tour un jour. Ces blessures étaient bien plus importantes que je ne l'imaginais. J'allais devoir opérer un travail sur moi, une transformation de l'intérieur.

Au moment précis où mes émotions m'envahirent profondément, Sébastien m'appela. Il s'inquiéta soudainement de moi, comme s'il avait ressenti, malgré la distance et son absence, mon état de détresse. Luc en profita pour me laisser et s'éclipser. Nous eûmes, tous les deux, une longue discussion, après lui avoir expliqué les réflexions que j'avais eu avec Luc quelques minutes plus tôt. Ma respiration se calma, tout autant que mes émotions. Il avait décidément un don pour m'apaiser. Je pouvais lui parler de tout et de rien, sans retenue, sans limite. Il m'écoutait, il me rassurait ; je ne pouvais l'expliquer !

Emprisonnée

« La porte du changement ne peut s'ouvrir que de l'intérieur, chacun en détient la clé. »
Jacques Salomé

Jeudi 23 novembre 2017

Je sortis de ma douche, et je pris un jean et une chemise noire dans mon armoire. Une fois n'était pas coutume, je troquai mes escarpins contre une petite paire de tennis vernies, noires elles aussi. Me voilà fin prête pour partir travailler.

Comme chaque matin en arrivant à l'agence, je saluai mes collègues. Je m'installai à mon bureau, je consultai mes mails, puis je m'empressai de reprendre l'un de mes dossiers. J'étais en week-end le soir venu, et je devais impérativement boucler ce projet avant de partir.

En fin d'après-midi, j'arrivai au cabinet de Cathy. Dans le couloir qui menait à la salle d'attente, comme la fois précédente, je sentis une odeur d'encens. C'était sa façon de nettoyer le lieu. Sur la petite table basse en bois, j'aperçus, à côté de ses cartes de visite, quelques magazines que j'avais lus et donnés à Cathy. Elle arriva, m'embrassa chaleureusement sur la joue, et me proposa de la suivre.

« Alors dis-moi, comment vas-tu et que puis-je faire pour toi aujourd'hui ?

— Depuis plusieurs mois, je vis des choses incroyables. Mes croyances commencent à changer. Je t'en ai déjà parlé, je ne vais pas te refaire l'histoire ! Tu me connais bien. En ce moment, je me sens bien…

— Si tu te sens bien, pourquoi es-tu là alors ??

— Ben… je vais bien, mais …

— Pas facile, hein ?

— Non…

— Ce n'est pas pour t'embêter que je te dis ça, mais c'est à toi de t'ouvrir, pour que je puisse passer et faire un soin plus profond. Sinon, ça sera juste de l'apaisement. C'est toi qui vas faire le boulot, moi je ne suis qu'une aide, un soutien…

— Je souhaite m'ouvrir encore plus, et je suis sûre que tu peux m'aider. J'aimerais pouvoir recevoir des messages, développer mon intuition, avoir des ressentis plus fort encore, œuvrer pour ma mission de vie bien que je ne la connaisse pas encore. Bref, je veux évoluer ! Je n'ai pas découvert tout cela pour rien, je n'ai pas vécu ce passé sans raison… Pas plus tard qu'hier, j'ai eu une discussion avec

Luc, mon Directeur. Il m'a parlé du pardon, il m'a aussi dit que j'étais complétement bloquée.

— Es-tu d'accord avec lui, avec ce qu'il t'a dit ?

— Oui, enfin… je ne sais pas. J'ai bien conscience que mes expériences passées, notamment durant mon enfance et mon adolescence, ont créé des blocages en moi. Ce ne fut pas tous les jours facile. J'ai souffert, et j'ai vécu des moments difficiles principalement lors du divorce de mes parents. Et puis… il y a eu… cette… cette rupture avec ma maman. J'ai peur de souffrir. J'ai rencontré Sébastien, et j'ai déjà peur de le perdre… j'ai peur de l'abandon. »

À ce moment-là, les émotions arrivèrent. Mon dos devint humide. Les larmes commencèrent à couler sur mes joues. Cathy me tendit alors des mouchoirs.

« Ah, tu as carrément la boîte !

— Oui. Tu n'es pas la seule à pleurer à mon cabinet. C'est important de passer par les larmes, ça permet de libérer les émotions et ainsi lâcher prise. Tu vois, je ressens certaines choses par rapport à toi, et cela me confirme ce que j'ai pu voir en préparant ce soin, car je me suis déjà connectée à toi ce matin.

— D'accord. Qu'as-tu trouvé alors ?

— Tu as de l'énergie… beaucoup d'énergie. Le problème, c'est qu'elle est bloquée dans ton corps. C'est comme si elle était emprisonnée dans une bulle. Elle tourne en rond et ne circule donc pas correctement.

— Emprisonnée ? Ce sont les mots de Luc hier !

— Oui. Nous allons libérer cette énergie abondante qui est en toi ! Je te laisse aller t'allonger sur la table, et te détendre. Je me concentre quelques instants, et ensuite je vais voir ce que je peux faire. »

Musique douce à l'appui, je m'allongeai et je décidai de fermer mes yeux. Je voulais profiter de ce moment, ne pas observer, laisser mes ressentis s'exprimer… Cathy passa ses mains à une vingtaine de centimètres de mon corps. Sans même les apercevoir, car mes yeux étaient fermés, je les ressentis parfaitement ! J'eus l'impression d'avoir de petits filaments électriques qui circulaient au-dessus de moi et qui étaient reliés à mon corps. Ce fut une sensation étrange et indescriptible. J'avais déjà ressenti l'énergie entre mes mains, mais là, c'était vraiment plus intense !

D'une voix douce et posée, Cathy commença à me parler. Elle était debout juste à côté de moi, les yeux fermés elle aussi, les mains au-dessus de mon corps.

« Il y a un nœud émotionnel au niveau de ton cœur, qui est apparu vers l'âge de 8 ans. Tu es une petite fille, c'est bien toi. Tu es chez toi et une dispute éclate. Tu entends crier. Tu as très peur, tu es à genoux, recroquevillée sur toi-même. Tu entends tout. Il y a beaucoup de bruit. Tu trembles, tu te caches, tu fermes les yeux. Tu ne veux pas que l'on te voie, tu ne veux pas voir. Tu pleures car tu as l'impression que c'est de ta faute. Tu as tout fermé ! Tu as bloqué toutes tes émotions au niveau de ton cœur. Je te propose de te retirer ce nœud émotionnel si tu es d'accord.

— Oui, bien sûr. Est-ce que quelqu'un m'a vue ?

— Non, je ne crois pas, tu étais cachée... Je vais être obligée de poser mes doigts sur ton ventre, et te toucher un peu la peau.

— Aucun problème. Fais ce qui te semble utile. »

La séance se poursuivit. Je sentis le bout des doigts de Cathy effleurer ma peau juste en dessous de ma poitrine, juste au niveau du plexus solaire. Elle fit de petits mouvements très doux. Je l'entendis se secouer les mains régulièrement, puis se les essuyer avec un petit mouchoir. J'avais toujours les paupières fermées, et je visualisai des yeux dessinés au crayon, juste au-dessus de ma tête. Je ne sus pas à qui ils appartenaient, je ne les reconnus pas, ou du moins, je ne voulus pas les reconnaître. J'eus simplement l'impression qu'une personne me soutenait et me protégeait, et cela depuis de nombreuses années. Cathy fit plusieurs fois le tour de la table, puis vint sur ma gauche. Elle posa longuement ses mains au niveau de mon cœur, puis termina par les jambes et enfin mes pieds, mes chevilles.

« Le soin est terminé, Ève. Tu peux ouvrir les yeux tranquillement, quand tu te sentiras prête.

— Merci Cathy. C'est encore une expérience incroyable, totalement différente de la fois précédente !

— Surtout, prends ton temps pour te redresser. Reste assise quelques minutes. Ne te lève pas aussitôt.

— De toute façon, je n'aurais pas pu me lever d'un coup. Je ne sens plus mes jambes !

— C'est tout à fait normal. Cette sensation va vite disparaître, ne t'inquiète pas. L'énergie circule à nouveau, partout dans ton corps. J'ai fait un important travail de rééquilibrage énergétique. Tu devrais te sentir apaisée.

— Veux-tu boire un verre d'eau ?

— Oui je veux bien.

— Surtout, tu dois boire beaucoup d'eau aujourd'hui et demain. C'est important après un soin énergétique comme celui-là ! »

Je discutai quelques instants avec Cathy, qui en profita pour s'assurer que j'allais bien. Je quittai ensuite son cabinet, encore émue par ce soin mais aussi par ce que j'avais ressenti et entendu. Je me sentis calme, libérée, le cœur léger. Je rentrai chez moi, épuisée et avec un début de migraine. Je bus beaucoup d'eau comme Cathy me l'avait conseillé. Mes maux disparurent progressivement. Je partis me coucher sans même manger. Le moment fut venu d'immobiliser et d'offrir un temps de repos à mon corps.

Repos

« Le véritable bien se trouve dans le repos de la conscience. »
Sénèque

Vendredi 24 novembre 2017

La nuit m'avait fait le plus grand bien, et je me sentis apaisée le matin venu. Je savourai le début de cette journée de repos, ce week-end qui démarrait. Progressivement, des douleurs envahirent mon corps. Je souffris de l'intérieur. J'eus comme des spasmes. Les contractions se firent ressentir du dessous de ma poitrine, jusqu'à dans le bas de mon ventre. J'eus mal aussi à l'arrière de mes fesses ; même allongée, je le sentis. Je n'eus d'autres choix que de me reposer un peu plus encore. Je pris de longues inspirations que j'évacuai progressivement et lentement en sentant l'air passer entre les lèvres de ma bouche. Je mis un peu de musique en fond sonore. Je n'eus pas la force de danser à en faire grincer le parquet, mais la musique m'apaisa. J'avais continué mes cours le vendredi, mais ce soir, je ne pourrais pas m'y rendre, c'était une évidence ! Je m'endormis calmement, naturellement.

La sonnette me sortit de mon sommeil… C'était Sébastien, qui revenait avec un bouquet de roses rouges. Leur odeur exaltait mes sens, et son geste me fit grand plaisir. Ce n'était pas tout, il était passé dans un restaurant italien pour y emporter notre repas du soir. Un vrai gentleman cet homme ! Au menu, risotto aux cèpes. Il était aussi passé à la boulangerie, car il me savait gourmande, avec un goût prononcé pour le sucré. Ce soir, il s'occupait de tout. Il voulait que je me pose et me repose.

Son intention me scotcha. J'eus l'impression d'être sa princesse, celle qu'il voulait chérir. Pas ses gestes, il contribua à ma propre guérison intérieure. Mes douleurs disparurent progressivement, pour devenir inexistantes. Je retrouvai le sourire, la forme, avec une folle envie de lui faire l'amour, pour de nouveau s'unir et fusionner nos corps.

Le repas ne se passa pas tout à fait comme je l'avais imaginé. Oh non, il fut encore plus romantique et charnel, sous couvert de désirs respectifs. Nos corps s'abandonnèrent l'un à l'autre, à nouveau. Après le mur, la douche, le lit, c'était au tour de la chaise de faire son entrée. Il éveilla mes sens, mon appétit.

L'entrée… C'était avec gourmandise et lenteur que je voulais savourer ce début de repas, à la lueur d'une bougie. Je parcourus son corps, ses ombres et sa lumière. J'attrapai la framboise trônant sur l'un des gâteaux qu'il venait d'apporter. Je lui fis déguster, délicatement, subtilement. Mes doigts effleurèrent sa bouche. Je fis progressivement monter son désir. Je l'embrassai langoureusement, assise sur lui, face à lui cette fois-ci, je pus le regarder, droit dans les yeux, pour y laisser nos âmes communiquer. Je caressai sa peau, je parcourus son corps avec mes lèvres.

Le plat… C'était avec allégresse que je dégustai son corps, qui ne me laissa pas indemne. Sans cadencement précis, j'observai son regard. Il m'aida à savoir quand je pus redescendre, pour le ressentir en moi. Parfois doucement, parfois rapidement ; tantôt délicatement, tantôt sauvagement. Il fut surpris, mais il en redemanda. Sa tête bascula en arrière, la bouche entrouverte, sans pouvoir sortir le moindre son. Son regard me supplia de continuer. Ce fut à mon tour de le dompter, sans aucune restriction, si ce n'était la superficie limitée de mon appartement. Je le fis patienter. Je le sentis brûler de l'intérieur, je décidai alors de le libérer de cette ferveur. L'amour n'a aucune règle sauf celles que l'on s'impose. Je n'en eus plus aucune. Seule la saveur du temps présent compta.

Le dessert… C'était avec le regard joueur que je l'observai désormais.

« Tu ne comptes quand même pas te rhabiller si vite… Je n'en ai pas terminé avec toi. Tu m'as épuisée la dernière nuit… » lui dis-je.

Le moment était venu de parfaire cet instant, juste moi et lui. Je repartis à la découverte de son corps, de sa peau trempée de sueur mêlée à de délicates notes de parfum. Le goût n'en fut pas désagréable, tel un subtil mélange dont on ne peut oublier la saveur. Plus un mot, plus un bruit. Il avait les yeux fermés, et les expressions de son visage me permirent de discerner le plaisir qu'il ressentait. Sébastien reprit son souffle, et après de longues minutes de silence, l'un enlacé à l'autre, il me glissa à l'oreille :

« On mange ?

— Tu en redemandes ? lui répondis-je d'un ton amusé

— J'ai faim, mon estomac a faim… La framboise de tout à l'heure ne va pas me remplir le ventre. Mais, nous reprendrons les festivités plus tard, ne t'inquiète surtout pas. Si tu veux bien, je vais faire chauffer… le plat. »

J'aimais les relations passionnelles, fusionnelles. J'aimais perdre le contrôle, et j'aimais le faire perdre aussi. J'adorais cette force m'envahir et parcourir mon corps de la tête aux pieds, immobile, sans possibilité d'y déroger et de bouger. Il m'arrivait d'en trembler. Je prenais également beaucoup de plaisir à le contempler avoir du plaisir, avoir son orgasme, pour enfin voir son corps se figer l'espace de quelques instants. Les regards en disaient bien plus long qu'on ne le pensait. En fait, je décodais déjà un peu les expressions non verbales, sans même le savoir. Avec Sébastien, je ressentais ses pensées, je le voyais plonger son regard dans mes plus grandes profondeurs.

C'était le début d'une magnifique idylle amoureuse, sexuelle aussi. Il ne fallait pas se mentir, l'un n'allait pas sans l'autre. C'était dans l'union des corps que se réunissaient les âmes éperdues d'amour. Ce n'était pas une découverte.

Ma journée fut reposante, et ma soirée fut affriolante ! Pourtant, je me sentis bien, le cœur léger, sans pensées omniprésentes ou envahissantes. Mon repos était là aussi.

Présence

« Le sage est guidé non pas par ce qu'il sait,
mais par ce qu'il ressent. »
Lao Tseu

Samedi 25 novembre 2017

Deux jours passèrent depuis mon soin énergétique. Je reçus un appel téléphonique de Cathy, qui voulait prendre de mes nouvelles, et me révéler quelque chose.

« Écoute, ça va plutôt bien. Je me remets de mes émotions ! Hier, j'étais en repos toute la journée, cela tombait bien finalement. J'ai eu de violentes douleurs dans le ventre, depuis le dessous de la poitrine jusqu'au coccyx. Je ne pouvais même plus rester assise !

— Ça ne m'étonne pas trop… C'est passé depuis ?

— Oui. J'ai décidé d'aller m'allonger, de méditer un peu, et de me relaxer. La douleur s'est atténuée, pour disparaître totalement dans la nuit. De toute façon, je savais bien que ces douleurs étaient très positives, bien que désagréables quand même, puisque tu m'en avais parlé !

— Oui, tout à fait. C'est ton corps qui a commencé à intégrer le soin. Je ne sais pas si tu te souviens, mais tu es venue boire un café à la maison, deux jours avant notre rendez-vous…

— Oui, je m'en rappelle.

— Juste après ton départ, j'ai ressenti une présence se coller à moi. C'était étrange ! Alors j'ai essayé de m'en débarrasser, en vain. Je me suis fait un soin, j'ai appelé un ami pour qu'il intervienne à distance, mais rien n'y a fait. J'ai alors mesuré mon taux vibratoire.

— Ton taux vibratoire ?

— Oui, c'est une fréquence énergétique, ma vitalité. On peut le mesurer sur une personne, un animal, un lieu, un objet, tout ! Mon taux était toujours très bon ; rien ne me polluait ou ne dégradait cette énergie. C'est important, car pour faire des soins, il se doit d'être élevé, car c'est aussi ma protection. J'en ai déduit que cette présence n'était pas néfaste pour moi, et que je pouvais quand même faire mes soins du mercredi et jeudi, dont le tien.

— Ah oui… c'est fou ça ! Tu me parlais de présence…

— Oui, d'une âme, d'une énergie…

— Ah… je t'avoue ne pas tout comprendre ! Tu ne sais pas d'où cela venait ?

— Non, je ne le savais pas jusqu'à ce que je termine ton soin !

— Je ne te suis pas vraiment là…

— Lors de ton soin, j'ai ressenti cette même énergie, très présente. Elle m'a d'ailleurs guidé dans mes gestes, pour trouver ta blessure, ton nœud émotionnel. Puis, dès que ton soin fut terminé, cette présence est partie comme par enchantement !

— C'est dingue ! Et ça t'arrive souvent ce genre de chose ?

— Non, c'est la première fois ! Pour moi la connexion s'est faite quand tu es venue boire un café à la maison deux jours plus tôt. Tu m'avais dit que tu étais contente de venir en soin… C'est un peu comme si une personne voulait te venir en aide, te protéger et s'assurer que ce soin te soit vraiment profitable. Crois-moi, mes faits et gestes étaient guidés !

— Est-ce que tu as su qui était cette présence ?

— Non, je n'ai pas su, mais elle était bienveillante.

— Peut-être que les yeux que j'ai visualisés durant le soin étaient ceux de cette présence ?

— Possible… L'invisible nous réserve parfois bien des surprises ! »

Une présence, pour me venir en aide… Qui cela pouvait-il bien être ? Devais-je croire en ces âmes ? J'avais lu tellement d'informations à ce sujet, et il m'était alors difficile de départager le faux du vrai. Vrai… Vérité… existe-t-elle finalement ? Cathy m'avait souvent répété que mes croyances déterminaient ma réalité. Toutes ces questions furent pour le moins étranges. Malgré une enfance ponctuée d'évènements douloureux, notamment sur le plan de la santé, malgré une adolescence chaotique et la rupture du lien maternel, j'avais vécu un semblant de résilience. J'étais tombée, plusieurs fois, mais je m'étais toujours relevée des épreuves que la vie m'avait proposé de surmonter. J'avais réussi à me reconstruire, plus d'une fois, en gardant une vie sociale. Ma famille était restée présente près de moi, malgré tout. Mon papa m'avait épaulé. Mon frère m'avait fait rire à de nombreuses reprises. Le malheur, j'avais éprouvé. Le bonheur, j'y avais goûté. Tous ces évènements m'avaient affaiblie sur le moment, mais ils m'avaient aussi permis d'être encore plus forte ! Pendant toutes ces années, je me sentais cependant sous une bonne étoile, comme protégée. Je ne pouvais l'expliquer ; mon destin était encore chaotique, pour autant, j'étais parvenue à rester en vie. Il n'y avait rien de plus cher… Pourquoi ? Cette question revenait en permanence en mon esprit. J'avais quelque chose à comprendre, mais je ne savais pas encore quoi…

Illusion

« Et s'il n'y avait jamais d'accidents dans notre vie ?
Si tout, absolument tout, avait une signification ?
Si le hasard n'était qu'une illusion ? »
Fernand Ouellette

Dimanche 31 décembre 2017

Plus d'un mois avait passé depuis mon dernier soin énergétique. Je commençai à le ressentir, sans pour autant pouvoir l'expliquer. J'avais pour habitude de fêter les fêtes de fin d'années en Normandie, et plus particulièrement le jour de l'an avec mon cousin William et sa femme Mylène. J'avais passé tous les samedis de ma jeunesse à ses côtés. Il faisait des bêtises, je le suivais et je rigolais. L'adolescence nous avait provisoirement éloignés, mais jamais je ne l'avais oublié. Nous avions fini par nous retrouver quelques années plus tard, avec la même complicité. Un regard nous suffisait pour nous comprendre.

Cette année, nous avions loué un gîte, non loin d'une forêt et d'un magnifique lac. Le comble de l'histoire, sans l'avoir voulu, c'était à quelques pas de chez mon petit frère Hugo. J'avais naturellement invité Sébastien à se joindre à nous. Le cadre était magnifique. Nous étions au cœur de la nature, ce qui rendait ce moment encore plus magique. Le dépaysement était total, et cela nous changeait de la pollution parisienne. L'air y était pur, les oiseaux chantaient, les canards se promenaient sur le petit étang. Le sol en terre était recouvert par les feuilles tombées des arbres. Il y avait de magnifiques couleurs à observer : marron, orange et jaune. Les enfants de mon cousin jouèrent un peu ensemble puis partirent au lit de bonne heure, fatigués de leur journée.

Après avoir bien mangé, j'allai me coucher. Mylène me suivit. Nos deux hommes restèrent avec leurs copines de soirée… leurs bouteilles !

Un peu plus tard dans la nuit, alors que je dormais paisiblement, je fus soudainement réveillée. J'étais pourtant une vraie marmotte, avec un profond sommeil, comme les bébés. On pouvait déménager ma chambre en pleine nuit, et même le plus gros des orages passait inaperçu. Ce qui était dérangeant à ce moment-là de la nuit, c'était que je ne me sentis pas bien du tout. J'eus des bouffées de chaleur, des nausées, la tête qui tournait, et je suffoquai. J'eus l'impression que mon lit tournait sur lui-même à toute vitesse. Ce fut étrange car je n'avais bu qu'une seule coupe de mousseux à l'apéritif. Cela ne pouvait donc pas être l'alcool…

Mylène et les enfants dormaient paisiblement et les hommes n'étaient plus dans la maison. Je ne sus quoi faire. Tant bien que mal, je décidai de me lever du lit et de prendre un peu l'air. J'ouvris le rideau et la fenêtre de la chambre qui donnait sur la petite route. J'eus peur de faire à nouveau un malaise. Je repensai à ce moment où j'avais appris mon licenciement. Cela ne pouvait pas recommencer ! Mon cœur s'accéléra. Je pris alors de grandes respirations, et je me donnais même quelques petites claques au visage pour essayer de retrouver mes esprits. Rien n'y faisait, cela ne passait pas. Disons que je me sentis juste un peu mieux debout à prendre l'air qu'allongée dans le lit… Alors j'attendis, tout en respirant l'air frais. Quelques instants plus tard, j'aperçus une grande silhouette marcher dans le noir. C'était Sébastien qui rentrait seul. Et là, d'un seul coup, mes étranges symptômes disparurent. Je fus soudainement parfaitement lucide ! Sébastien n'avait pas les clés de la maison, et il frappa à la fenêtre. Je restai juste derrière les rideaux. Je fus à la fois agacée de le voir revenir seul et décontenancée par ce réveil nocturne. Je décidai de lui ouvrir la porte. Il se jeta dans le lit, tout en rigolant. La colère monta en moi. Je venais de me réveiller en pleine nuit, au bord du malaise, pour voir cette scène… C'était invraisemblable ! Je ne pus m'empêcher de le réprimander pour son attitude.

« Tu as vu dans quel état tu es ? Tu ne tiens même plus débout !

— Ça va ! Je suis fatigué. Tu ne dors pas toi ?

— Non justement, je viens de me réveiller. J'étais en train de faire un malaise au moment où je t'ai aperçu !

— Ah bon ?

— Mais où est William ?

— Je ne sais pas…

— Comment ça, tu ne sais pas ??

— On s'est perdus !

— Perdus ?

— Ben oui, je l'ai cherché.

— Je ne comprends rien à ce que tu me racontes !

— Je te dis que je l'ai perdu…

— Sérieusement, comment on peut perdre quelqu'un qui mesure presque deux mètres et qui a un manteau de toutes les couleurs ! Tu te fous de moi là ?

— On était ensemble, et il a arraché des fleurs pour faire une photo avec les copains de ton frère. Ils sont allés les chercher devant la discothèque.

— Des fleurs ? La discothèque ?? Les copains de mon frère ??? répondis-je d'un ton très agacé

— Oui, ils voulaient fait des photos florales, et ils ont pensé à aller les chercher devant la discothèque. Il continua de rigoler.

— Non mais tu te payes ma tête ! (Je l'aurais étripé)

— Et du coup, il a arraché des petits palmiers !

— Des fleurs ou des palmiers ?

— Les deux, devant la discothèque à quelques pas d'ici.... Puis tout le monde est parti, et je ne l'ai pas retrouvé.

— Mais c'est quoi cette histoire, tu te fous vraiment de moi là ! Et en plus, ça te fait rire ?

— Non, mais ne t'énerve pas comme ça Ève... Je n'y suis pour rien moi...

— Je ne comprends rien ! Tu me fatigues là ! Il est deux heures du mat et tu racontes n'importe quoi...

— Ne t'inquiète pas, ton cousin doit être avec ton frère, viens te coucher.

— C'est une blague ? Je me réveille en pleine nuit, avec des sensations vraiment étranges. Ah, mais ça, tu ne t'en inquiètes même pas. Ta seule préoccupation maintenant, c'est de dormir. Et tu me demandes de me recoucher paisiblement alors que mon cousin n'est pas rentré. Va te coucher si tu veux. Moi, je vais attendre qu'il rentre. »

Je restai donc à la fenêtre et quelques minutes plus tard, j'aperçus deux autres silhouettes se rapprocher du logement. C'était mon cousin et mon frère ! Je demandai donc à Sébastien de prendre ses responsabilités et de raisonner William. Il sortit en caleçon dehors, et insista pour qu'il rentre se coucher. Il était presque trois heures du matin, et les températures étaient négatives. Et voilà qu'ils repartirent ! William ne voulut pas rentrer. Sébastien revint donc seul une seconde fois, et se recoucha tranquillement dans le lit. Je fus furieuse, exaspérée par cette situation ! La tension commença à monter en moi. J'eus envie d'exploser, de crier.

« Tu vois, il ne veut pas rentrer, il est avec ton frère ! Viens te coucher, tu vas être fatiguée demain matin.

— Non, je n'irai pas me coucher ! Laisse-moi tranquille » répondis-je.

Je décidai donc d'aller attendre sur le canapé de la salle, le temps que mon cousin revienne. Le temps passa, lentement, fébrilement. Les minutes me parurent être des heures. Cette notion de temps était finalement paradoxale. Quand on s'ennuyait, que l'on attendait impatiemment quelqu'un ou quelque chose, on trouvait le temps long ! A contrario, quand on s'amusait ou que l'on prenait du plaisir à faire une activité, le temps passait terriblement vite ! Je m'inquiétai de plus en plus pour William, ça en devint une obsession. Je pris donc mon téléphone pour appeler Hugo.

« Hugo ? C'est Ève.

— Ah, Ève… bonne année sœurette ! Tu passes une bonne soirée ? J'entendis crier, les trompettes, la musique, les rires à outrance.

— Non pas vraiment ! Où es-tu ?

— Ben, je suis rentré chez moi…

— J'arrive. »

Sans même demander si William était bien chez lui, et sans prendre mon téléphone, j'enfilai mon jogging, ma doudoune, mes tennis, et je partis à sa recherche. Sébastien ne put me retenir… Me voilà alors en pleine nuit, non loin de la forêt, à faire un petit footing. Je ne fus pas rassurée, donc en courant, cela alla plus vite... Je ne cessai de me répéter « Je vais aller le chercher moi-même puisque c'est ça… ». Du moins, je voulais juste m'assurer qu'il allait bien et qu'il était au chaud. Je regardai partout, tout autour de moi, à l'affut du moindre bruit ou de la moindre silhouette errante. J'inspectai chaque recoin, en espérant ne pas y faire de mauvaises rencontres. J'arrivai chez mon frère, et sa bande de joyeux copains m'ouvrit la porte.

« Ah, mais tu es la sœur d'Hugo ? dit l'un d'eux, complètement hilare

— Oui…

— Entre ! C'est ton cousin William ?

— Oui. il est là ?

— Mais c'est un fou furieux celui-là ! Je n'ai jamais vu ça !

— Ouais, ouais… Bon, est-ce que William est là ? » dis-je d'un ton autoritaire et agacé.

Hugo arriva au même moment.

« Mais il n'est pas là ! On s'est quittés tout à l'heure… me dit-il.

— Tu aurais pu me le dire avant que j'arrive !

— Tu ne m'as pas laissé le temps…

— Quand, et où l'as-tu laissé ?

— Je ne sais pas moi…

— Non mais ce n'est pas vrai, vous ne savez rien vous les mecs ce soir ! Vous vous perdez et vous ne vous souvenez pas !

— Ben je ne sais pas… je ne sais plus… »

Une émotion m'envahit, mon cœur se resserra. William n'était pas rentré, il n'était pas avec mon frère non plus… Je demandais à Hugo de me prêter son téléphone, ayant oublié le mien.

« Sébastien ? C'est moi, dis-je sèchement.

— Tu es où ?

— Chez Hugo. Tu vas réveiller tout de suite Mylène. William n'est pas chez mon frère. On l'a perdu. Si ça se trouve, il ne va pas bien. Tu lui expliques, tu assumes… J'arrive ! »

Des amis de mon frère me proposèrent de me raccompagner jusqu'à ma location pour que je ne rentre pas seule en plein milieu de la nuit et de la forêt. Il devait être quatre heures du matin quand je regagnai notre logement. Je fus surprise et soulagée de retrouver William. Cet imbécile décuvait et continuait de vomir. Il était allongé sur le canapé. Je demandai à Mylène de m'aider à le mettre par terre pour lui éviter de tomber durant la nuit. Je le mis alors sur le côté, en position latérale de sécurité, la bassine à côté de son visage. On lui apporta une couverture, et un coussin en guise d'oreiller. Vu son état, il allait dormir ici.

« Vous l'avez retrouvé où ? demandai-je à Mylène

— Quand Sébastien est venu me réveiller, j'ai fait un bond dans le lit. Mon cœur s'est mis à battre à 1000 à l'heure. Je me suis habillée en deux temps trois mouvements et je suis aussitôt sortie dehors à sa recherche.

J'ai marché un peu et comme par miracle, j'ai aperçu la manche de son manteau multicolore dans le fossé juste à côté du gîte. Il était là, endormi, peut-être même inconscient. On n'arrivait pas à le réveiller mais il respirait.

— Ce n'est pas possible de se mettre dans cet état-là, lui dis-je, exaspérée par la situation. Regarde-le !

— Je suis allée chercher un verre d'eau et je le lui ai jeté au visage !

— C'est vrai ?

— On n'arrivait pas à le réveiller…

— Il a dû être surpris !

— Pour le coup, il a vite ouvert les yeux ! Puis avec Sébastien, on l'a porté tant bien que mal, pour le ramener dans la maison.

— Tu m'étonnes, deux mètres de haut, pour une centaine de kilos… vous avez dû bien vous embêter !

— C'est peu de le dire !

— Je comprends mieux. Quelle histoire ! Bon, je suis rassurée en tout cas. Je vais pouvoir aller me coucher, même si la nuit est presque terminée. Dans quelques heures, les enfants vont être debout et en pleine forme eux ! Je te souhaite une bonne nuit. »

Je partis me coucher en repensant à cette soirée. Malgré la fatigue et l'heure avancée dans la nuit, je n'arrivai pas à trouver le sommeil. Je me posai tant de questions. Était-ce un miracle qui s'était produit ? Le fruit du hasard ? Si je ne m'étais pas réveillée avec des sensations plus qu'étranges, si j'étais retournée me coucher quand Sébastien était rentré, si je n'avais pas persisté à vouloir retrouver mon cousin… William aurait peut-être fait un malaise, il serait peut-être mort de froid ou se serait inconsciemment étouffé dans son sommeil… Je ne savais pas ce qu'il serait arrivé. Mais une chose était sûre, on était venu me chercher. Mon corps m'avait obligée à me lever du lit, à prendre l'air et à voir de mes yeux ces scènes. Mon corps avait parlé. Mon intuition m'avait empêché de retourner me coucher. Peut-être même avais-je ressenti l'état physique de mon cousin William : bouffées de chaleur, tête qui tourne, nausées…

Cette étrange scène me rappela le décès de mon grand-père Pépère. J'avais alors quatorze ans quand il rencontra le chemin de la lumière. Je me souvenais de cette journée comme si c'était hier. C'était un mercredi. Pour qui, pour quoi, j'avais voulu l'appeler, chose que je ne faisais pourtant jamais. Je n'avais rien à lui dire de particulier, mais je voulais l'avoir au téléphone. J'avais essayé toute la matinée de le joindre, en vain… Impossible de l'avoir, cela ne répondait pas ! En fin de matinée, j'avais essayé d'appeler mon père à son travail pour lui dire que je n'arrivais pas à avoir ni Pépère ni mamie. C'était un de ses collègues qui m'avait alors répondu « Ton père a dû s'absenter, je ne peux pas t'en dire plus… ». À ce moment-là, j'avais ressenti quelque chose d'inexplicable dans mon corps. Je savais que c'était en lien avec mon grand-père et qu'il lui était arrivé quelque chose. Pourtant, rien ne le laissait présager… J'avais donc continué d'essayer de joindre mes grands-parents, inlassablement. C'était devenue une obsession. Dans l'après-midi, mon père m'appela et m'annonça le décès de Pépère. Il avait fait un premier malaise le matin, et il allait mieux. Le médecin était intervenu. Mais l'après-midi, cela avait recommencé. Son heure était arrivée. Je pris conscience à ce moment de la nuit, que je n'avais jamais pu expliquer ce qu'il m'était arrivée, ni pourquoi j'avais eu si soudainement ce besoin de joindre mon grand-père juste avant son décès. Peut-être pour lui dire au revoir, tout simplement… En tout cas, j'avais refusé de voir la vérité. Je ne voulais pas me poser ce type de questions, à cette époque-là de ma vie. Le parallèle entre mon grand-père et William me troubla d'autant plus. J'en étais désormais certaine, j'avais ressenti le premier malaise de mon grand-père, comme j'ai pu ressentir ce soir-là l'état de William… Et si c'était son âme qui était venue me chercher ?

Désillusion

« L'absence n'est rien d'autre
qu'une présence obsédante. »
Eliette Abécassis

Vendredi 5 janvier 2018

Nous rentrâmes de province le lundi soir, avec Sébastien. Il me remercia pour ce week-end et reparti dormir chez lui. Il m'avait dit avoir du travail. Je me réveillai tranquillement, ce vendredi matin, prête à prendre le chemin du boulot. Ces quelques jours en famille m'avaient permis de me reposer. Je me sentis bien ; du moins, seulement le mardi matin.

La semaine fut éprouvante. Je n'avais pas eu de nouvelles de Sébastien depuis le lundi soir. J'avais bien tenté de l'appeler, mais son téléphone restait sur répondeur. J'étais passée à son domicile. Il ne fut pas chez lui. Je n'avais pas osé appeler à son travail. Où était-il passé ? Notre dernier échange fut étrange. Je l'avais senti distant, préoccupé. Peut-être n'avait-il pas apprécié notre dispute du jour de l'an, au sujet de mon cousin. J'avais essayé tant bien que mal de me convaincre que notre histoire ne pouvait pas s'arrêter comme cela du jour au lendemain.. Pourtant, plus le temps passait, plus je me rendis à l'évidence. J'avais cru en une idylle amoureuse qui n'en était pas une. J'éprouvai désormais de la colère. Comment pouvait-il me laisser sans nouvelles pendant une semaine ! Je lui en voulais, et je m'en voulais aussi terriblement. Je lui avais accordé ma confiance, trop rapidement malheureusement. Je lui avais laissé mon corps, sans retenue aucune. Je l'avais présenté à ma famille, moi qui ne connaissais que le prénom de ses parents ! Et voilà qu'il disparaissait de ma vie aussi vite qu'il y était apparu… Quel salaud ! Je n'eus d'autres mots. Je voulus crier mon désespoir, car son absence me hanta. Je perdis l'appétit, mon sourire s'effaça… Le bilan après seulement cinq petits jours fut alarmant, plus d'un kilo en moins sur la balance, moi qui ne prenais guère de poids, et qui n'en perdais pas non plus.

Je repensai à ses mots, si beaux, si doux, si bienveillants… Ce qu'il m'arrivait me semblait d'une grande injustice. Je pouvais comprendre qu'il veuille me quitter, mais il aurait au moins pu me le dire, droit dans les yeux. Il aurait pu m'accorder encore cinq minutes de son temps pour m'en expliquer les raisons ; à défaut de pouvoir les comprendre, je pourrais toujours les entendre. Quelle lâcheté !

Plus tard dans la journée, les émotions m'envahirent rapidement et abondamment. Le stress du travail couplé à mes problèmes personnels n'arrangea rien. Je fermis la porte du bureau, pour m'isoler. Je regardai par la fenêtre. Je voulus m'évader, voler, loin d'ici, comme pour libérer mes pensées, et retrouver plus de légèreté. Luc frappa à la porte au même moment.

« Excuse-moi de te déranger Ève, je viens d'avoir notre client Alka. Tu as cinq minutes pour qu'on en parle ? »

Je me retournai, les yeux rouges et encore larmoyants. Luc fut surpris. Il arriva près de moi, pour s'asseoir sur le bord du bureau.

« Oh, je suis désolé, ce n'est pas le moment de te parler de ce dossier. Qu'est-ce qu'il t'arrive ?

— Sébastien…

— Sébastien ? Sébastien… Luc réfléchissait pour savoir de qui je parlais.

— Oui, c'est un homme que j'ai rencontré, le même jour que mon entretien d'embauche avec toi. Une très belle histoire d'amour ; du moins c'est ce que je croyais. C'est un salaud, c'est tout. Il disparaît sans même me donner une explication. Moi, je m'inquiète, je me pose cinquante mille questions, je ne dors plus, je ne mange plus !

— Ève, calme-toi. Il y a sûrement une raison…

— J'aimerais bien la connaître, vois-tu !

— N'a-t-il pas eu un imprévu ? Et as-tu essayé de joindre son travail ?

— Je ne sais pas… Non je n'ai pas osé.

— Alors fais-moi plaisir, commence par les appeler pour savoir s'il était là cette semaine. Ne tire pas de conclusions hâtives.

— Je les appellerai lundi matin. Là, il est tard… Le standard va être fermé. »

Plus jamais

« Le corps est le tombeau de l'âme. »
Platon

Vendredi 12 janvier 2018

Presque deux mois après mon premier soin énergétique, je ressentis à nouveau le besoin de retourner voir Cathy. L'absence de Sébastien m'avait fendu le cœur. Il était parti sans raison, sans me laisser la moindre explication. J'avais bien tenté de joindre l'accueil de son travail dès le lundi matin, mais personne ne daigna décrocher. Je ne comprenais pas. Deux semaines sans nouvelles, déjà !

J'arrivai à son cabinet le soir venu, après ma journée de travail. Je ressentis cette même odeur d'encens que précédemment. Cathy avait réussi à me libérer un rendez-vous en urgence. Elle vint me chercher dans la salle d'attente et me proposa de m'installer.

« Alors dis-moi Ève, qu'attends-tu de moi aujourd'hui ?

— Je ne vais pas te dire que je vais super bien… lui répondis-je en souriant. C'est très rapide, car cela ne fait pas très longtemps que je suis venue la dernière fois. L'absence de Sébastien m'a profondément déstabilisée.

— Oui, mais tu es en phase d'éveil, ça ne me choque pas ! Je dirais que c'est même plutôt normal. Tu sais, quand tu libères quelque chose, le travail se poursuit ailleurs…

— J'ai l'impression que tu dois m'enlever un truc, mais je ne sais pas quoi !

— Un truc ? Hummm….

— Les derniers évènements vécus m'ont beaucoup troublée. J'ai des peurs, et je suis branchée sur le 220 volts. Dernièrement, j'ai reçu une décharge électrique en touchant un store en aluminium ! Depuis quelques temps, mes ressentis ont disparu, notamment quand je sollicite mes guides. Il ne se passe plus rien. Avant je ressentais des frissons, dans les jambes, dans les bras, et même dans la poitrine ! Regarde ce qui s'est passé avec mon cousin, je l'ai senti. Je vis de belles et grandes choses, je gère… enfin, je crois. Le changement est rapide et même radical, peut-être trop. Je me sens seule, je refais face à la solitude, à l'abandon. Je croyais en notre idylle amoureuse avec Sébastien.

— Tu vas vite Ève… Tu dois en avoir conscience.

— Oui, je sais… Arf… mon dos redevient humide !

— Étonnant ! me dit-elle en souriant.

— J'ai beaucoup repensé à ma maman dernièrement. J'ai fait un travail important pour lui accorder le pardon, pour oublier cette histoire passée. J'ai souffert, mais je comprends les choses.

— C'est très bien, tu progresses, tu évolues. Tu te doutes bien que j'ai préparé ce soin. Tu n'as pas les pieds très froids ?

— Heu… oui, c'est vrai que depuis quelques jours ils sont glacés ! Je m'en suis fait la remarque hier soir.

— Bien… Ton énergie est cette fois-ci bloquée dans le bas de tes jambes et de tes pieds, puis au niveau des avant-bras et des mains. Elle ne circule plus.

— Est-ce pour cette raison que je ne ressens plus grand chose ?

— Tout à fait. Tu as les pieds très froids car tu n'es plus du tout enracinée. Je vais voir ce à quoi j'ai accès. Je te laisse t'allonger et te relaxer. Je te demande quelques instants pour me préparer. »

Cathy passa ses mains au-dessus de moi, toujours sans me toucher. La sensation resta aussi agréable et surprenante, indescriptible en fait.

« Ève, je comprends mieux pourquoi ton énergie est bloquée. Tu es comme écrasée, du haut du corps jusqu'à tes genoux. Les derniers évènements que tu as vécus ont dû réveiller cette blessure karmique importante. Le départ imprévu de Sébastien n'y est certainement pas pour rien… »

Cathy me raconta, en reprenant plusieurs fois sa respiration, mon histoire d'âme, dans une autre vie, mes dernières heures, ma frustration, ma mort !

« Il fait nuit, je te vois sortir d'une grande porte d'un château. Tu regardes partout autour de toi. Tu es belle et un peu excitée, mais tu ne veux pas qu'on te voie. Tu fais très attention. Tu dois être noble car tu as de très beaux vêtements. Une belle et grande robe de couleur bleu foncé, avec des bandes de dentelle blanche.

…

Tu traverses rapidement une petite cour, et tu rejoins un bunker. Tu vas y retrouver quelqu'un… Je ne sais pas qui tu vas voir… peut-être ton amant car tu es apprêtée. Tu es bien coiffée, tu es très belle.

…

Tu frappes à la porte, et tu murmures « c'est moi… ouvre moi ». Personne ne répond, tu frappes à nouveau. À ce moment-là, tu sais que tu n'aurais pas dû venir ! Tu regrettes, mais c'est plus fort que toi, tu pousses la porte, tout doucement. Tu entres dans le bunker. Il fait noir. Tu fais quelques pas, tu murmures à nouveau « c'est moi », mais la porte se referme derrière toi.

…

Tu es prise au piège. Tu tapes à la porte. Tu hurles, tu cries « PLUS JAMAIS !!! ». Tu exploses… Tu es allongée au sol, tu es morte. Tu as été trahie. Tu t'en veux terriblement.

…

Ce n’est pas ton décès qui t’a le plus contrariée et blessée, c’est cette trahison. Quelqu’un en qui tu avais confiance t’a piégée ! Tu prêtes alors serment de ne plus jamais revivre une histoire similaire. Tu vas porter cette trahison dans ton cœur, durant plusieurs vies, jusqu’à aujourd’hui ! Tu regrettes d’avoir accordé si facilement ta confiance, et surtout de ne pas avoir suivi ton intuition. »

Chaque mot prononcé raisonna en moi. Étrangement, et très rapidement, je visualisai la scène. Je vécus l’histoire en même temps que Cathy me la racontait. Les lieux ne me parurent pas inconnus.

« Je te propose d’enlever cette blessure karmique, de te libérer de ce poids immense. C’est un peu comme si tu étais bloquée dans une armure, qui t’écrase et t’étouffe... ».

Sans que Cathy me touche, je ressentis, à nouveau, chaque geste. Ce fut comme si on me retirait des choses de mon corps… Le soin en lui-même dura une bonne heure.

« Ève, tu dors ?

— Non, je ne dors pas.

— Je ne sais pas comment te le dire… hummmm… bon, ta maman est avec moi depuis tout à l’heure ! Elle veut te parler, maintenant. Elle insiste… Es-tu d’accord pour recevoir ses messages ?

— Ma maman ?

— Oui, elle-même !

— Oui, je suis prête à entendre tout ce qu’elle a à me dire ! »

Debout à côté de moi, les yeux toujours fermés, et les mains au-dessus de mon corps, Cathy jouait le rôle d'interprète, de traducteur de l'invisible.

« Ève, ta maman est très fière de toi. Elle te remercie pour le pardon que tu lui as accordé. Elle est ravie... Elle savait que tout cela arriverait à tes 33 ans ! Elle attend ce moment depuis si longtemps... Elle le redit, elle est très fière de ce que tu fais, de ce que tu es devenue. Vraiment, il y a beaucoup, beaucoup d'amour Ève. Elle est très heureuse. C'est très fort ce que je ressens de ta maman. Il y a un amour immense. »

Allongée sur la table de massage, je fus en larmes, très émue par ce beau message. Mon cœur battit la chamade. Je restai bouleversée par ce que je venais d'entendre. Quinze années que je n'avais plus de nouvelles de ma maman. Était-elle encore en vie ? Cathy essuya alors les larmes qui coulaient le long de mon visage et de mon cou.

« Ton énergie a complétement changé, Ève. Elle est intense, lumineuse et blanche. Regarde ma main, elle est a plus d'un mètre de toi et je ressens toute l'énergie que tu dégages. Tu rayonnes énormément. Tout est libéré...

— À ce point ?

— C'est incroyable !

— Je te fais confiance, si tu le dis...

— J'ai terminé le soin Ève. Comme la dernière fois, prends ton temps pour te redresser. Ne te lèves pas tout de suite. Veux-tu boire un verre d'eau ?

— Oui je veux bien un verre d'eau s'il te plaît. Merci Cathy. Par contre, j'ai des douleurs dans les jambes. La dernière fois, je ne les sentais plus, mais là j'ai mal… très mal !

— C'est tout à fait normal. J'ai beaucoup retravaillé ton enracinement. Tu n'étais plus du tout reliée à la Terre. Tu devrais retrouver un peu de calme en toi. C'est pour cette raison que je te dis de prendre ton temps pour te relever. L'énergie recircule dans tout ton corps. Ça ne devrait pas durer longtemps, ne t'inquiète pas.

— Dis-moi Cathy, c'est bien l'âme de ma maman qui s'est invitée et présentée lors de ce soin ?

— Oui. Elle m'a énormément guidée au début du soin. C'est quand elle a insisté pour te parler que j'ai su que c'était elle !

— Est-ce que tu sais si c'était ma maman qui était à nos côtés lors du précédent soin ?

— Oui, pour moi, c'était bien elle. C'est la même énergie…

— D'accord. J'en étais convaincue… Quand tu m'en as parlé la dernière fois, j'ai aussitôt pensé à elle ! Elle était très ouverte spirituellement, et c'est peut-être son regard que j'ai visualisé ! Des yeux dessinés au crayon, avec un épais trait noir d'eye-liner… exactement comme les siens !

— Là-encore, c'est un soin intense Ève. Tu vas devoir te reposer, prendre soin de toi, et boire beaucoup d'eau. Le soin va quand même être plus facile à encaisser que celui de la dernière fois.

— Ça tombe bien… je suis en week-end… seule.

— C’est parfait ! N’oublie pas que rien n’arrive par hasard. J’attends de tes nouvelles… »

15 ans

« Le pardon ne fait pas oublier le passé,
mais élargit le futur. »
Paul Boese

Samedi 13 janvier 2018

La nuit m'avait porté conseil. J'avais finalement pris la décision de recontacter ma maman. Je me sentis prête. Toutes ces expériences et cet éveil m'avaient aidée à comprendre bien des choses. J'avais ainsi pu cheminer personnellement, pour finalement accorder le pardon à ma maman. Ce n'était pas gagné d'avance, pas du tout même ! Je me rappelai d'une parole d'une amie deux ou trois années auparavant « Tu la reverras ta maman. Tu ne veux pas l'entendre, mais on en reparlera Ève… ».

La route fut longue. J'avais dû surmonter mes peurs, oser revenir après tant d'années, en parler à ma famille et expliquer ma décision. Je m'assis dans mon canapé et pris trois grandes respirations. Je pris ensuite une feuille blanche, mon stylo, et je laissai les mots couler comme pour panser mes maux. Quelques minutes suffirent, et comme par magie, ma lettre fut fin prête à être envoyée :

Bonjour Maman,

J'espère que tu vas bien.

Avant de commencer, j'aimerais que tu respires profondément... J'ai demandé à pouvoir être à tes côtés lorsque tu liras ces quelques lignes, pour t'accompagner dans ce moment. Tout ce que je t'écris vient du cœur. Reçois-le comme un cadeau !

15 années sont passées, et beaucoup de choses ont changé... Dans le poème que tu m'avais offert quand j'étais jeune, tu avais écrit :

« L'opinion est la reine du monde,
Tant et si bien que la raison veut la combattre.
La raison est condamnée... »

Non, la raison n'est pas condamnée ! Ces mots résonnent en moi et j'en comprends aujourd'hui toute la signification.

J'ai beaucoup souffert de notre séparation, et toi aussi ! Je me suis sentie abandonnée, et j'ai voulu me protéger pour ne plus souffrir. J'avais peur... Comme à mon habitude, je me suis construite une armure indestructible !!! J'imagine que, toi aussi, tu as (avais) des choses à me reprocher, et je suis prête à les entendre. Une dispute n'est jamais le fait d'une seule personne. J'en suis aussi responsable. Je ne t'ai pas ménagée pendant mon adolescence...

Je pense qu'il ne faut pas regretter des situations ou des choses, car cela ne nous fait pas avancer. Il faut par contre les comprendre, pour éviter qu'elles ne se reproduisent. Avec le recul, je me dis que nous avions besoin toutes les deux de cette séparation pour évoluer chacune de notre côté. Il n'y a pas de hasard... Alors certes, cette expérience fut éprouvante pour chacune de nous.

Il y a plusieurs mois, j'ai commencé à m'ouvrir et à vivre des expériences. J'ai beaucoup lu, j'ai appris, j'ai compris. J'ai également fait un gros travail sur moi-même. J'ai mis à plat mes croyances, mes opinions... J'ai pris conscience de mes peurs, et j'ai cherché à m'en débarrasser. J'ai accepté toutes les épreuves de la vie que j'ai vécues. Enfin, j'ai pu t'accorder mon pardon.

Je sais que tu es aussi quelqu'un d'ouvert, spirituellement parlant, alors je vais te raconter mes dernières expériences.

Récemment, une amie de confiance nommée Cathy (comme toi... étrange non ?!) m'a fait un soin énergétique. Elle a été très bien guidée et a pu m'enlever un nœud émotionnel apparu vers l'âge de 8 ans. Ton énergie était présente lors de ce soin (mais ça, je ne l'ai su qu'après...).

Quelques semaines plus tard, j'ai éprouvé le besoin de retourner la voir. Mes ressentis avaient disparus, et j'avais des peurs intenses. Lors de ce second soin où une belle blessure karmique a pu être retirée, ton âme est intervenue et s'est même exprimée par le biais de Cathy, qui m'a alors retranscrit tous les messages. J'ai dû gérer beaucoup d'émotions. J'ai à nouveau énormément pleuré... Tu (ton âme) savais que cela se produirait à mes 33 ans !

Il m'en aura fallu du temps, mais je peux t'assurer que tout cet éveil porte aujourd'hui ses fruits. Ils ne m'ont pas loupé là-haut et font les choses en mode accéléré mais j'en redemande ! De toute façon, il paraît que c'est dans ma mission de vie et que j'aurai le même don que toi, à développer !

Nos chemins semblent se retrouver…

Nous ne pouvons pas rattraper ces années perdues, mais une chose est sûre me concernant, je ne veux pas perdre plus de temps !

Alors voilà, je te recontacte sans aucune arrière-pensée. J'aimerais redécouvrir ma maman avec ma nouvelle philosophie de vie. Si toi aussi tu as envie de me revoir, de discuter, qu'on aille prendre un verre ou bien manger quelque chose ensemble, j'en serai ravie ! Je te laisse mon numéro et mon adresse mail. Maintenant, si tu ne le souhaites pas, je le comprendrais et je ne t'en voudrais pas… c'est que ce n'est pas le bon moment ! J'attendrais… Nous nous retrouverons tôt ou tard, dans cette vie ou dans une autre !

Tu embrasseras ma petite sœur pour moi, si tu es d'accord et si tu le juges bon. Je l'ai toujours porté dans mon cœur, et ce dès sa naissance ! J'aurais aimé la contacter plus tôt, mais ma carapace de protection était bien trop épaisse pour faire ce geste. J'ai vu qu'elle aimait les chevaux. J'imagine que c'est une personne très sensible. Elle te ressemble beaucoup quand tu avais son âge. Elle est ravissante ! Je serai toujours là pour elle, c'est ma petite sœur !

Ève

Je pris le temps de relire ma lettre, une première fois, puis une seconde. Le message que je voulais transmettre me sembla parfait. Tout était dit, je ne voyais pas quoi rajouter. Chaque mot sonnait juste dans mon cœur. Je pris une enveloppe et j'y insérai la lettre. Je partis aussitôt la poster, afin qu'elle lui parvienne au plus vite. Il était 15h30 ; la prochaine levée du courrier était lundi à 16h. Je déposai l'enveloppe dans la boîte aux lettres, puis me dis à ce moment-là « C'est fait Ève. Tu as fait un grand pas, une étape de plus de franchie. Il ne te reste plus qu'à attendre maintenant… ».

En cet instant, je fus heureuse de mon action, et j'espérais du fond de mon cœur très vite avoir un retour de ma maman.

Départ

« Il y a des hommes n'ayant pour mission
parmi les autres que de servir d'intermédiaires ;
on les franchit comme des ponts, et l'on va plus loin. »
Gustave Flaubert

Lundi 15 janvier 2018

Nous étions tous réunis autour de Luc pour son pot de départ. C'était maintenant à son tour de partir. Il avait négocié une rupture conventionnelle car il voulait accomplir son rêve… Pour cela, il allait partir en Asie, pendant plus d'un an, pour y découvrir les différentes civilisations Bouddhistes, et y faire une retraite spirituelle. Il avait prévu un long périple, qui commençait par l'Inde, puis le Sri Lanka, la Birmanie, la Thaïlande, le Vietnam, le Cambodge, la Chine, le Japon, le Tibet… Il voulait connaître chaque culture, ainsi que toutes les influences et croyances propres à chaque pays. Il allait prendre son envol vers de nouveaux horizons. J'avais le cœur à la fois joyeux et triste. Joyeux, car je trouvais que son projet était fabuleux ; et triste, car je n'allais pas le revoir avant de nombreux mois (même si au fond de moi, je savais que nous ne pourrions pas nous oublier). Luc réclama notre attention :

« Vous allez me manquer les amis, dit-il en levant son verre. Je n'ai pas prévu de grand discours, mais je tenais quand même à m'exprimer rapidement. Vous savez, des chemins se croisent et se rejoignent à une période donnée. Dans le cadre de nos activités personnelles ou professionnelles, nous sommes amenés à tisser des liens avec d'autres personnes. Nous apprenons à connaître nos amis, nos collègues, nos partenaires, nos clients, nos contacts... Et dans certains cas, ce sont même de belles amitiés qui peuvent naître. Puis... arrive un moment où ces chemins se dissocient. Ainsi va la vie ! Comme dans beaucoup d'équipes, nous avons vécu quelques passages pas toujours simples. C'est l'aventure en entreprise… Pour autant, nous avons, tous ensemble, toujours su relever la tête, apprendre à nous connaître, travailler collectivement, nous challenger… J'ai rencontré, ici, de fabuleuses personnes, que je n'oublierai jamais. Non… JA-MAIS ! Je retiendrai tous ces moments passés à vos côtés, et qui m'ont aussi fait grandir : ces moments de doutes ou de remise en question, ces échanges passionnants, ces heures sous pression, ces déjeuners pleins de convivialité... Je ne peux tous les citer, mais croyez-moi, je les garde en mémoire ! Depuis quelques semaines, les jours étaient comptés, et une nouvelle page se tourne aujourd'hui pour moi. L'œuf a éclos, et c'est un nouveau départ en ce qui me concerne ! Je vous souhaite beaucoup de bonheur. Allez au bout de vos rêves. Profitez de chaque instant, comme si c'était le dernier. Appréciez ce que la vie vous offre. Ne vous focalisez pas sur des détails sans importance. Vivez tout simplement, et n'oubliez pas de rester vous-mêmes. Merci infiniment à vous toutes et tous ! »

Quelques collègues s'approchèrent de lui pour lui offrir plusieurs présents. Une cagnotte avait été organisée pour son départ. Luc les accepta, non sans émotion. Il avait les larmes aux yeux. Je ne l'avais jamais vu aussi sensible que cela. Il faut dire que c'était un homme qui en imposait par son charisme. Je le regardai et je fus admirative de son parcours, de sa décision. Oser tout abandonner pour vivre son rêve... Il n'y avait rien de plus beau que de se donner les moyens de changer quand le besoin s'en faisait ressentir, de saisir les opportunités qui s'offrent à nous, d'apprivoiser progressivement une (nouvelle) passion, de suivre la voie de son cœur, d'aller au bout de ses ambitions, d'oser le changement sans se soucier des éventuelles difficultés à surmonter... Il n'y avait finalement pas de chemin unique. Chaque route était différente, plus ou moins longue, et savamment guidée en fonction de nos appétences personnelles. Luc s'approcha de moi et me fit signe de le suivre à l'écart de nos collègues.

« Tu me sembles bien perdue dans tes pensées, Ève…

— Oui, c’est peu de le dire. Ton départ va me faire vraiment bizarre. Sébastien, toi… Je suis ravie pour toi tu sais, admirative même… mais…

— Mais ?

— C’est bête à dire, mais … tu vas me manquer Luc ! Nous ne nous connaissons pas depuis des années, mais nous avons tellement partagé ensemble… J’ai tant appris à tes côtés. Je ne sais même pas comment te remercier.

— Ce n’est qu’un au revoir Ève, tu le sais bien. Je ne t’ai pas dit adieu…

— Oui, je le sais… mais là, c’est ma sensibilité qui s’exprime.

— Surtout, ne change rien. Ta sensibilité est ta plus grande force Ève. C’est avec cette qualité que tu peux être passionnée et créative. Tu te souviens de nos échanges sur la créativité et l’intuition ?

— Comment pourrais-je les oublier, Luc ! m’étonnai-je

— En étant sensible, on libère nos émotions, qui nous permettent alors de donner une autre dimension dans notre travail ou dans notre vie de tous les jours. Notre sensibilité nous permet également de devenir empathique. On peut ainsi se mettre à la place d'une autre personne, pour percevoir ses pensées, ses émotions ou même ses sentiments. C'est comprendre son état d'esprit, sans jugement.

— Je me souviens que tu m’avais parlé de l’empathie.

— Le point de départ consiste à prendre conscience de nos propres émotions, mais aussi à laisser notre sensibilité s'exprimer. Communiquer, écouter et comprendre l'autre, lui prêter attention, favoriser la cohésion, être mieux ensemble, être mieux soi-même aussi ! Cela suppose donc de ne pas se laisser polluer par nos propres filtres de perception, nos valeurs, nos croyances, ou encore nos doutes. Chaque Être est singulier, et chaque Humain va réagir différemment à une situation en fonction de son histoire, de ses expériences passées, et d'un ensemble de facteurs. Si nous restons centrés sur nous-mêmes, nous passons à côté des émotions de l'autre personne, et nous ne pouvons pas comprendre ce qu'elle ressent. Sa réalité est peut-être simplement différente de la nôtre ! Et pour accepter l'autre, il faut déjà s'accepter soi-même.

— J'y travaille, tu sais…

— Ève, il te faudra rester dans le non-jugement, car c'est une valeur fondamentale de l'empathie. Parfois, nous ne comprenons pas toujours une personne ou une situation. Nous pouvons aussi la juger, et bloquer toute communication. Notre interlocuteur peut tout simplement nous renvoyer notre propre image, il peut aussi avoir un rôle de guide, d'éveilleur, de révélateur.

— Notre propre image ?

— Oui, cet effet miroir tant redouté... Inconsciemment, nous refusons probablement d'admettre certains de nos défauts, que nous masquons corps et âme. Il faut se poser quelques questions, les bonnes questions. Qu'est ce qui m'énerve chez autrui, et pourquoi je réagis ainsi ? Ne jugeons pas l'autre ; acceptons simplement sa position, ses émotions, ses pensées, et profitons-en pour nous comprendre nous-mêmes.

— Tant de personnes émettent des jugements…

— C'est leur problème. Tu ne peux pas agir sur eux. D'ailleurs, quel est l'intérêt de porter un jugement ? Pas grand-chose hormis rassurer son propre Ego... Nous n'en serons pas meilleurs ! Pire, nous nous isolerons progressivement... Ne prête pas attention à ces personnes, car écouter leurs critiques, c'est y accorder de l'importance.

— Tu as raison… Ce soir, je ne comprends toujours pas l'absence de Sébastien.

— Ève, tout a sa raison d'être… Si vous devez vous revoir, vous vous reverrez. Ne bloque pas les échanges ou tes émotions. Il y a quelque chose à comprendre dans tous les cas, tu verras… on en reparlera. Lâche prise.

— Nos échanges vont terriblement me manquer, Luc… Merci beaucoup, pour tout ce que nous avons pu vivre et partager ensemble, pour tout ce que tu as pu m'apporter durant ces quelques mois passés à tes côtés, et pour tous tes conseils pleins de sagesse et de bienveillance... Tu es une belle rencontre, comme je les aime.

— C'est partagé Ève, tu le sais. Surtout, vis ta vie sans te soucier des autres. Va au bout de tes rêves. N'hésite pas à prendre des routes différentes. Je savais que je devais te choisir lors de cet entretien. Cette petite voix intérieure me murmurait que je pouvais te guider sur ton chemin. J'ai rempli mon objectif, ma mission avec toi. Je le sais, je le sens. Ce que tu as fait en reprenant contact avec ta maman, c'est la bonne décision, mais surtout c'est la tienne, personne ne devra la juger. Je dois naviguer désormais vers de nouvelles aventures, et c'est la raison de mon départ. C'est une évidence, aucune question ne se pose…

— D'ailleurs, tu ne m'as jamais dit…

— Quoi donc ?

— Tu te souviens, tu m'avais demandé de penser à deux chiffres lors de cet entretien…

— Ah oui, je m'en rappelle parfaitement ! Je voulais tester ton intuition, et je dois dire qu'elle est plutôt aiguisée…

— J'avais réussi à penser aux deux mêmes chiffres que toi ?

— Oui…

— C'est pas vrai ?!

— On peut se concentrer sur une personne, et laisser son intuition parler à notre place. C'est aussi cela l'empathie ! J'avais d'abord eu ce chiffre 5 en tête. Ce n'est pas un hasard ! Il symbolise la liberté, le changement, le grand changement même… Ensuite, j'ai pensé au 7, qui peut signifier que l'on est sur la bonne voie et qu'il faut garder confiance car le succès est au rendez-vous. C'est le chiffre de la conscience, de l'éveil, de l'intuition, de l'empathie aussi ! Tout cela, c'est de la numérologie. J'y prête attention, et tu devrais te renseigner à ce sujet… Nous pouvons recevoir quelques messages par ce biais.

— Ouah… Je suis scotchée là Luc ! En tout cas, je vais regarder tout cela de plus près avec grande attention, fais-moi confiance.

— J'ai aussi un dernier message pour toi… tu te souviens de notre échange avec les cartes ?

— Oui…

— Si tu ne l’as pas encore fait, explore cette piste ! Tu as des capacités que tu ne soupçonnes pas encore… Tu vas bientôt le découvrir, mon intuition me le dit. »

Destinée

« Les deux jours les plus importants de ta vie sont le jour où tu es né, et celui où tu as trouvé pourquoi. »
Mark Twain

Mardi 23 janvier 2018

Les départs de Sébastien et de Luc dans ma vie, mais aussi mon dernier soin, m'avaient bien secouée. Un nouvelle année commençait, et pas des meilleures. J'étais un peu comme perdue, en quête de vérité, sur ma destinée. Cela faisait plusieurs semaines maintenant que je m'intéressais à la connexion angélique. Je repensai aussi aux derniers mots de Luc. J'eus besoin de savoir, de connaître ma mission de vie. J'avais déjà fait des méditations guidées pour me connecter à son guide, et j'avais ressenti bien des choses : de l'amour, beaucoup d'amour, de la douceur, de la protection, mais aussi des fourmillements au niveau de mon plexus solaire.

Néanmoins, je n'avais reçu aucun message... J'aurais tant aimé communiquer avec ces êtres invisibles qui m'entouraient et m'accompagnaient au cours de ma vie. J'avais ce désir de découvrir ma destinée, d'être orientée sur mon chemin de vie pour ma propre évolution personnelle et spirituelle. Jadis, j'avais entendu parler d'une personne dite Médium Channel qui proposait la guidance angélique, sous format écrit. Son rôle était de canaliser et transmettre des messages venus d'ailleurs, sur des sujets variés tels que la mission de vie. J'en avais parlé avec Cathy, et j'avais envie de me faire mon propre avis à ce sujet. J'avais alors contacté cette personne, en lui indiquant mes nom, prénom et date de naissance. La fin du premier mois d'une nouvelle année avait sonné, le temps était venu de découvrir ce pour quoi j'étais venue ici sur Terre. Je reçus dans ma messagerie ce message, de cette médium, qui communiquait avec les guides que peu de gens voyaient ou ignoraient simplement leur existence :

« Ève, notre très chère enfant Ève,

Nous sommes heureux de te souhaiter la bienvenue parmi nous en ce jour glorieux pour toi, car vois-tu, tu es en train de grandir et de découvrir de nouvelles capacités en toi qui te porteront plus tard vers la lumière, ton objectif de vie. Ève, depuis toute jeune tu t'intéresses aux sciences de l'occulte et maintenant, tu viens à peine d'y mettre les pieds et tu vis déjà de grandes et belles choses sur le chemin de ton évolution. Tu es un être de lumière, et cela, nous voulons que tu en prennes conscience, car vois-tu, tu vas bientôt être amenée à travailler auprès de nous et surtout pour nous. Ce que nous cherchons à te dire c'est que tu dois développer ton don de voyance mais aussi ton don de médiumnité car il est dit que tu n'auras bientôt plus besoin de support pour travailler avec nous et transmettre ce que tu devras transmettre à ton prochain. Tes amis te le disent, ta famille te le dit mais toi, tu doutes encore de tes capacités à faire le bien autour de toi alors que tout porte à croire que tu es et que tu seras respectée en ton domaine. Chacun d'entre nous doit faire ses preuves et toi, bien entendu, tu débutes sur le chemin de la lumière... mais ne sois pas sans ignorer que ta volonté de bien faire te porte bien au-delà des troubles de ton esprit et de ceux des autres. Ainsi, le doute ne t'est donc pas permis pas plus que la remise en question de ceux qui ne croient pas en ce que tu fais. L'essentiel étant ce que toi tu dégages et ce que tu es en droit de vivre Ève. Tu as une très belle mission de vie qui t'attend ici sur Terre et que tu dois développer avec tes propres qualités et surtout ton non jugement, ton empathie ainsi que ta maîtrise de toi et de tes outils qui sont là, nous te le répétons pour un certain temps, dans la mesure où il est nécessaire que tu prennes conscience de tes capacités et de ton don développé pour les arts divinatoires. Ensuite seulement, tu seras plus libre de tes actions car tu vas commencer à développer des capacités de clairvoyance et de clairaudience dont tu ne soupçonnes encore pas l'existence. Laisse faire ce don que tu as en toi de comprendre les situations naturellement et d'en faire profiter les autres à leur insu. Et un jour, tu pourras vivre de ce commerce-là si tu le souhaites mais en attendant, profite de chaque instant que la vie t'offre pour développer ce que tu caches profondément en toi. Tu verras, qu'au fur et à mesure, tes dons se feront jour. Tu prendras de l'assurance et tu pourras exercer ta compassion auprès d'un plus grand nombre de personnes et c'est là que tu seras connue et reconnue pour ce que tu fais mais pas avant, retiens bien ceci. Dans la vie, il y a toutes formes d'apprentissages et toi, tu n'as qu'à demander pour recevoir. Il te suffit juste de profiter de chaque expérience de ta vie et tu verras des portes s'ouvrir dans le sens que tu désires. D'ailleurs, tu as déjà fait la connaissance de personnes qui te ressemblent, et qui t'ont permis de partager tes connaissances et tes ressentis pour prendre confiance en toi et en les autres. Ce n'est que le début. Ainsi va la vie, et la tienne est déjà toute tracée. Tu es belle Ève. Tu es calme et tu es rayonnante. Saches que tu es libre d'aimer qui bon te semble et que c'est à toi de faire de ta vie ce que tu as envie d'en faire. Personne ne pourra te dicter ton futur ni même être juge de tes choix. Tu es Ève et tu as décidé de descendre ici sur Terre pour vivre certaines choses que tu dois accepter de vivre, et ce quel que soit ton niveau de satisfaction à leur égard. Saches que toutes les épreuves de la vie te sont insufflées pour ton bien-être et que rien n'arrive par hasard, et surtout pas ce que tu n'as pas choisi de vivre. Ainsi va la vie, ainsi va le destin et toute forme de destinée quelle qu'elle soit. Toi, tu as choisi de renaître sur Terre pour accomplir un chemin de vie bien particulier et tu viens à peine de le découvrir. Maintenant, laisse-toi être guidée par ton intuition et par tout ce que tu peux ressentir de fort en toi. Tu es orientée dans tes inspirations et dans tes prémonitions alors ne cherche plus à lui fuir ou à t'en détacher car elles sont liées à ton chemin de vie. La vie est belle Ève. Il te faut aussi comprendre cela si tu veux parvenir à aider les autres sans les influencer. Tu dois absolument être persuadée que la vie est belle quoi qu'il se passe de désagréable et de terrible pour les personnes que tu as en face de toi. Tu dois absolument rester neutre et ne pas juger les autres ni les situations à venir. Sois humble, reste humble Ève, et les portes de l'au-delà t'ouvriront de toutes nouvelles perspectives de progression et de compréhension pour l'avenir de ta profession car oui Ève, tu vas pouvoir te lancer dans le domaine qui éclaire ta vie actuellement, même si tu n'as encore pris conscience de tes capacités de lire à travers les autres et de les aider à mieux intégrer leurs idées dans une direction bien précise. Tu seras sur leur chemin pour les guider et les éclairer à faire le bon choix de vie mais n'ai pas peur d'avoir ce rôle à jouer, car vois-tu Ève, chacun d'entre nous possède son libre-arbitre et toi aussi, tu as ce libre-arbitre. Tu entends ce que l'on te dit ou ce que l'on te conseille, mais libre à toi de le faire ou pas, de l'entendre ou pas. Tu es belle Ève, nous te le répétons. Ton âme est belle et elle brille de mille feux alors ne vas pas l'éteindre en faisant des bêtises dont tu ne réalises pas encore la portée. Laisse-toi du temps avant de passer à l'action. Donne-toi du temps pour bien réfléchir de ce que tu veux faire de ta vie et quand tu le sauras, alors seulement tu pourras commencer par entrevoir un avenir qui te fait envie et qui se construira à petit pas. Saches Ève que le monde ne s'est pas construit en un jour et qu'il va te falloir du temps pour obtenir ce que tu désires. Le temps est le principal élément de toute évolution. L'expérience fait naître en toi le désir de réussir et la peur est vaincue. Tu n'es pas encore entrée dans ce que l'on appelle le royaume de Dieu mais tu as beaucoup de chance d'en être revenue avant l'heure alors profite de ces instants pour te reconstruire et faire de ta vie une embellie. La vie est belle Ève et tu dois l'accepter telle qu'elle est, qu'elle soit ingrate ou qu'elle soit juste car tout ce que tu vis se trouve être dans ton évolution. À toi de savoir ce que tu veux faire de tes expériences. À toi de voir ce que tu veux faire de tout ce que tu as vécu jusqu'ici et n'oublie pas que nous tes guides, sommes et serons toujours là pour toi. Accepte que tu es venue ici sur terre pour servir les autres. C'est en cela que tu dois travailler. Sois au service de l'humain et tes capacités se développeront bien plus vite que tu ne l'envisages pour le moment. Nous t'aimons Ève et nous sommes fiers de ce que tu es devenue et de ce que tu envisages de devenir. Ne doute plus de toi ni de tes capacités et accepte d'être ce que tu es en toutes circonstances sans te soucier des autres ni de leurs jugements. Que la paix soit avec toi et avec ton esprit. »

Révélations

« Les mères ont les yeux du cœur ;
ce qu'elles ne voient pas, elles le sentent. »
Honoré De Balzac

Jeudi 25 janvier 2018

21h, je venais de finir mon dîner. Je reçus un appel téléphonique. Je ne reconnus pas le numéro, même s'il ne m'était pas vraiment inconnu. Je décrochai.

« Allô ?

— C'est maman… »

Ma respiration s'accéléra. Un blanc s'installa… Mes larmes commencèrent à inonder mes yeux. J'entendis son souffle dans le combiné. Elle pleurait.

« Maman… j'espérais que tu me rappelles, dis-je la voix tremblante.

— Ta lettre m'a beaucoup émue. Cela fait plusieurs jours que je pleure, depuis que je l'ai lu. Si tu voyais ma tête ! Ça fait si longtemps que j'attends ce moment, je n'y croyais plus. Tant d'années sont passées, mais je t'ai toujours protégée, je suis restée à tes côtés. Je regrette.

— Maman, je me suis toujours sentie protégée. Je sais désormais que tu étais là, près de moi. Ne regrette pas ce passé. Il était nécessaire, pour toi comme pour moi.

— Cela fait plusieurs mois que je ressens que quelque chose du passé va revenir, mais jamais je n'aurais pensé à toi. J'ai arrêté d'y croire. Tu te souviens de notre chienne Leslie ?

— Bien sûr ! Je ne l'ai pas oubliée moi non plus.

— Chaque nuit, elle réapparaissait dans mes rêves. Je savais que le passé allait me rattraper. J'ai essayé de te retrouver, en vain.

— Tu ne pouvais pas me retrouver maman, je t'avais déjà trouvée, et je t'ai bloquée sur les réseaux sociaux. J'ai coupé tous les liens familiaux volontairement. J'ai tant souffert.

— Ma fille, si tu savais comme je suis heureuse de t'avoir retrouvée… Peu après ta naissance, avec ton père, on a failli te perdre. J'avais entendu des sirènes d'ambulance. J'ai eu peur. Tu demanderas à ta tante, elle était avec moi ce jour-là.. Je savais qu'un drame allait se produire. Je le ressentais, je le savais. Quelques jours plus tard, alors que tu étais allongée sur la table, tu t'es étouffée avec le lait. Tu es devenue rouge, violette, puis noire. J'ai fait ce que j'ai pu pour te sauver. Nous sommes arrivés en urgence à l'hôpital.

— Je ne savais pas tout ça... Pourquoi personne ne m'en a jamais parlé ! Tu sais, j'ai reçu récemment une guidance, des messages transmis par une medium. Dans son texte il était écrit que j'avais failli rejoindre le royaume de Dieu et que j'avais de la chance d'en être revenue avant l'heure. Est-ce de cet épisode dont elle parlait ?

— Oui... Et à ce moment de ta jeune vie, j'ai aussi conclu un pacte avec l'Univers, pour qu'on te laisse la vie sauve. Notre séparation en était le prix à payer... Tu avais une malformation de l'estomac. Tu as dû dormir assise pendant plusieurs mois pour ne pas t'étouffer. Avec ton père, nous ne dormions plus la nuit. Pendant tes premières années, tu nous as fait toutes les maladies possibles et inimaginables. Même le muguet, ça a duré un mois chez toi. Tu en avais plein la bouche. Pareil pour la varicelle... Tout, tu nous as tout fait. Tu as été hospitalisée pour ton hémorragie au nez. Tu t'es fait mordre au visage, plus de cinquante points de sutures, à l'extérieur, sur ta joue, mais aussi à l'intérieur de ta bouche. Tu as été dévisagée. J'avais prévu de t'offrir de la chirurgie esthétique quand tu serais plus grande, mais tu n'en as pas eu besoin... J'ai soufflé et passé mes mains sur ton visage tous les jours, pendant des mois, pour accélérer la guérison et atténuer tes cicatrices. Quand nous sommes retournés voir le chirurgien qui t'a opérée, il n'en revenait pas. Il n'avait jamais vu cela. Il a fait un excellent travail aussi, on ne voit plus rien maintenant. Et puis tu as aussi eu ce cancer génétique, la vie ne t'a vraiment pas épargnée. »

Ma mère et moi pleurions, l'une et l'autre. Je ne savais plus quoi dire. Ma vie redéfilait en mode accéléré dans ma tête, tout prenait sens.

« Ève, tout ce que tu as vécu devait arriver. Tu as dû endurer la souffrance durant ta jeunesse. Tu as dû éprouver la résilience pour te construire… La vie ne t'a pas fait de cadeaux. Tu as réussi à te relever seule, dans la douleur. Je suis si fière de toi, tu ne l'imagines pas. Tu vas maintenant développer de fortes capacités, les mêmes que les miennes et un peu plus encore. Ça se transmet de mère en fille. Il te fallait le découvrir par toi-même et l'accepter. C'est ta mission de vie et tu devais passer par ces étapes-là. Notre séparation, bien sûr que je la regrette, mais elle était nécessaire pour toi. C'était le prix à payer pour que tu t'accomplisses dans cette vie. Tu as eu de la chance d'avoir un papa comme le tien. C'était ton protecteur et il a toujours été là pour toi, pour t'épauler. C'est vraiment quelqu'un de gentil. Tu le remercieras de ma part. Je sais qu'il m'en veut, mais nous devons enterrer la hache de guerre. Je t'aime ma fille, je n'ai jamais cessé de t'aimer. Merci. »

Transgénérationnel

« Oublier ses ancêtres, c'est être un ruisseau sans source, un arbre sans racines. »
Proverbe Chinois

Vendredi 3 février 2018

Après une bonne nuit de sommeil, je me réveillai de bonne humeur. J'avais bien dormi, sans avoir entendu de bruit avoisinant. Mon rendez-vous avec Cathy était programmé en début d'après-midi, pour mon quatrième soin énergétique, trois semaines après le précédent. C'était le délai minimum à respecter entre deux soins, pour que les effets s'intègrent pleinement dans toutes les cellules du corps. J'avais hâte de revivre une nouvelle expérience, avec des émotions que j'imaginais encore plus fortes que les fois précédentes. Dernièrement, les retrouvailles avec ma maman eurent généré un afflux de sentiments très intenses. Sans en connaître précisément la raison, je savais que je devais retourner la voir. J'avais pris l'habitude de suivre mon intuition, d'écouter mon cœur, de me laisser guider.

J'ouvris les rideaux. Malgré le froid apparent, le ciel fut dégagé. Le soleil se levait et éclairait les hauts immeubles de Paris. Je pris mon petit déjeuner tranquillement, en profitant de ce moment de calme. J'aimais avoir un moment rien que pour moi le matin. Je consultai mes mails, les nouvelles sur les réseaux sociaux, les actualités. Je reçus un message de Cathy :

> *Bonjour Ève,*
> *Voilà, je suis fin prête... Je m'échauffe avec un premier soin et je suis toute à toi cet après-midi.*
> *Si tu le souhaites, je te raccompagne chez toi après le soin. Cela nous permettra de passer un peu plus de temps ensemble !*
> *C'est comme tu veux, je propose, tu disposes...*
> *À tout à l'heure.*

J'arrivai au cabinet avec un peu d'avance et m'installai dans la salle d'attente de Cathy, qui me rejoignit quelques minutes plus tard.

« Bonjour Ève ! me dit-elle en m'embrassant affectueusement. Comment vas-tu aujourd'hui ?

— Salut Cathy. Si tu savais comme je suis heureuse d'avoir ce soin avec toi, je le ressens… Bon, je sais que je vais pleurer comme une madeleine, mais ce n'est pas grave. Je sais que c'est pour mon bien, n'est-ce pas !

— Tu commences à être habituée maintenant ! Alors, dis-moi… pourquoi viens-tu me voir ? Que puis-je faire pour toi ?

— Tu le sais, j'ai recontacté ma maman, et quelques jours plus tard, elle m'a appelée. Nous sommes ensuite allées prendre un café ensemble. Après quinze années, les retrouvailles furent émouvantes. Ma maman pleurait en arrivant. Ce fut un très beau moment, avec beaucoup d'émotions.

— Vous êtes restées longtemps ensemble ?

— Trois heures.

— C'est bien !

— Je me suis toujours dit que je n'aurais rien à lui dire si je la revoyais un jour, que toutes ces années nous auraient éloignées, mais pas du tout ! On avait tellement de choses à se dire. Tout s'est fait naturellement. Je me dis que j'ai parcouru un long chemin ces derniers mois.

— C'est le moins que l'on puisse dire. Tout ce qui t'arrive est très positif !

— Oui, je n'en doute pas. J'ai commencé mon travail sur moi, j'ai découvert ce monde invisible. Ça va très vite… Ça me fait peur aussi.

— Qu'est ce qui te fait peur ?

— Ben… tout ça ! Je n'avais jamais pensé que je reverrais ma maman dans ces conditions. J'ai beaucoup changé. Maintenant, je dois en parler à mon papa. J'appréhende en fait. D'ailleurs, tu vois, c'est bizarre, car plus je te parle, plus j'ai la gorge qui se serre…

— Oui, c'est normal, tu as un bouchon au niveau de la gorge. Toutes tes émotions sont bloquées. C'est comme un bouchon de champagne, ça doit sauter ! ironisa Cathy.

— Je veux bien te croire, car ça me fait mal ! Pour moi, le fait de revoir ma mère ne changera rien vis-à-vis de mon père. Pfff… voilà, je pleure !

— C'est très bien… Tiens, tu connais la boîte de mouchoirs !

— J'ai tellement peur qu'il réagisse mal, qu'il se vexe. Je ne sais pas… De toute façon, je dois incarner ma décision, et je lui en parlerais quand ça sera le bon moment !

— Et pour toi, c'est quand le bon moment ?

— Ben, quand je sentirais qu'il est disponible, prêt à m'écouter, calme… et quand je serais prête aussi.

— Tu as bien fait de ne pas lui en parler encore, car ton énergie n'est pas encore axée sur tes paroles… ça va venir !

— Je me laisse quelques semaines encore. Un jour, je me dirai « C'est bon, c'est aujourd'hui ! ».

— Tu as raison. Écoute ton cœur ! Alors depuis ce matin, c'est sur le transgénérationnel qu'on m'envoie. Et là, c'est ce sujet qui pousse au portillon…

— Et c'est quoi ce type de soin ?

— C'est comme l'image d'un arbre généalogique. C'est un chaînage familial, parfois sur plusieurs générations. Je ne sais pas encore si c'est du côté de ta maman, ou de ton papa. Je te le dirai tout à l'heure.

— Un gros soin encore alors ?

— Oui, comme tu dis, un gros soin !

— C'est pour ça que tu m'as proposé de me raccompagner ?!

— Ahahah, cela me fait aussi plaisir tu sais ! Mais j'ai entendu une voix ce matin quand je me connectais à toi : « Ramène-la ! ». Je n'ai pas aussitôt compris ce que cela signifiait. Ramène-la… Ramène-la… ? Ça veut dire quoi ça ? Puis tout à coup, je me suis dit que c'était toi que je devais ramener ! Alors je te l'ai proposé !

— C'est très gentil de ta part. J'avais bien compris que ce serait un gros soin en voyant ton message ce matin ! Je l'avais ressenti aussi.

— Je te propose d'aller t'allonger et te détendre. »

Je m'installai une fois de plus sur la table, Cathy me proposa une couverture. Je fermis mes yeux, et je me concentrai sur mes ressentis. Elle passa ses mains au-dessus de moi. Quelques instants plus tard, Cathy me parla.

« Au menu aujourd'hui, je te propose de commencer par une blessure karmique.

— Ah oui, encore ?

— Dans une vie antérieure, tu as travaillé dans un « bordel ». Au début, tu avais l'âme d'une guerrière. Tu voulais t'imposer. Tu étais une vraie combattante.

…

Au fil des jours, au fil des mois, tu t'es affaiblie. Tu es devenue une femme soumise. Tu n'avais plus aucune emprise sur les hommes. Tu subissais cette situation. Ce n'était pas ce que tu avais imaginé. Cela t'a profondément attristée !

…

Tu as juré de ne plus revivre cela.

…

Je vais te retirer cette blessure. Je vais devoir toucher ta peau, juste en-dessous de ta poitrine.

— Je comprends mieux les difficultés que j'ai pu rencontrer avec les hommes depuis le début de ma vie d'adulte… Entre cette blessure et celle de la dernière fois, je n'ai pas été épargnée ! »

Cathy continua le soin, passa délicatement ses doigts au niveau de mon ventre. Je ressentis encore beaucoup de choses. Ce fut toujours aussi étrange.

« Nous voilà sur le transgénérationnel. C'est du côté de ta maman. C'est sur la quatrième génération, m'annonça Cathy. »

Elle fit le tour de la table, puis s'assit sur son petit tabouret, au niveau de ma tête. Elle posa alors ses deux mains sur mon crâne et commença à me transmettre les messages.

« C'est un de tes ancêtres. C'est un monsieur, qui vivait seul. Il était riche, très riche. Il dirigeait son entreprise d'une main de fer. C'était un homme de pouvoir, avec, en son temps, une grande puissance. Il lui suffisait de lever le petit doigt pour obtenir ce qu'il désirait. Il était aussi méchant, égoïste et méprisant. Rien ne pouvait l'atteindre, du moins, c'est ce qu'il croyait... Il était d'apparence insensible, et ne montrait aucune marque d'affection ou de sympathie. Il pouvait avoir des paroles très blessantes envers d'autres personnes, il ne les écoutait pas. Seul son avis lui semblait juste et avait de l'importance, car il s'estimait meilleur que quiconque.

...

Puis un jour, cet homme est devenu handicapé. Il ne pouvait plus marcher et se déplaçait en fauteuil roulant. Sa vie a basculé ! Il s'est alors retrouvé seul et a pris conscience du comportement qu'il avait eu. Il se remémorait toutes ces années passées... cette ancienne vie basée sur la richesse, la puissance, l'unique intérêt d'autrui, le mépris, la solitude. Il a regretté, énormément regretté son attitude passée ! Il n'avait désormais plus d'argent et plus aucun pouvoir, lui qui s'estimait le meilleur, le plus fort, le plus intouchable... Pour autant, il a rencontré des gens formidables, qui l'ont soutenu et épaulé. C'est alors qu'il est devenu très humain, sensible, humble, généreux et à l'écoute des autres. Il a aussi découvert un puissant don de magnétisme, qu'il a utilisé pour aider et soigner son entourage. Pour rien au monde il ne voulait retrouver sa vie d'avant. Il comprit qu'il était finalement malheureux à cette autre époque.

...

Il me dit que ce n'est pas cela le sens de la vie et le bonheur. Il a mis du temps à le comprendre. Cette douloureuse épreuve fut une seconde chance, celle de s'ouvrir au monde extérieur, et ainsi de découvrir le vrai sens du mot « humanité ». La puissance, il abandonna. La méconnaissance, il avoua. La renaissance, il éprouva.

…

Il a eu des doutes et des peurs lui aussi. Il insiste sur le fait qu'il n'y a pas que tes guides. Tes ancêtres sont aussi là pour t'aider et t'épauler dans tes doutes. Tu peux les solliciter autant que tu le souhaites, ils seront toujours là pour toi. Il veut aussi te transmettre son don de magnétisme. Il est ravi du travail que tu as accompli. Il est infiniment reconnaissant de ce que tu fais aujourd'hui. Tu es en train de recréer un maillon générationnel et de libérer beaucoup de personnes. Ils attendaient tous cela depuis si longtemps, et tu es parvenue à le faire !

…

Il a beaucoup d'humour, et il rigole bien. Ça doit être de famille ! Il me dit que tu as retrouvé tes racines profondes, et se moque un peu de toi, en précisant que désormais tu ne les perdras plus !

…

Ève, il y a de plus en plus de monde qui arrive autour de la table. Mon cabinet est presque trop petit. Il y a… tu l'imagines… ta maman, ton papa, et beaucoup de monde que je ne connais pas.

…

Je suis en train d'assister à ta renaissance. Ils sont là pour t'accompagner, tous émerveillés par cet évènement. C'est comme si tu étais dans un petit berceau blanc. Tout le monde est autour de toi, et t'observe avec amour.

— Cathy, peux-tu me dire ce que je peux faire pour eux ?

— Rien de plus, Ève. Par ce soin, tu libères beaucoup de monde, et ils te sont infiniment reconnaissants de ce que tu fais aujourd'hui. Ils sont très fiers. Ils me demandent que tu tournes tes mains, paume vers le ciel. Ils vont partir un par un…

— Est-ce qu'ils me touchent les mains Cathy ?

— Oui, ils te prennent les mains avant de partir, pour te saluer.

— Je le sens Cathy. Je ressens leur présence. Ça me fait des fourmillements et de la chaleur dans les mains. J'ai même l'impression qu'ils me soulèvent les mains ! C'est si beau… »

Quelques minutes plus tard, Cathy se déplaça et posa longuement ses mains à nouveau sur mon cœur, mes jambes, et mes pieds. Puis elle reprit la parole.

« Ils ont tous quitté la pièce. J'ai terminé le soin, Ève. Comme les fois précédentes, prends ton temps pour te lever. Je te propose de l'eau ?

— Oui, je veux bien, c'est de coutume ! Cathy, j'ai l'impression que tu m'as cassé les chevilles !

— Ah, ça ne m'étonne pas ! me répondit-elle en rigolant. Tu n'étais plus du tout enracinée. Tu flottais. Ton corps émotionnel était inversé, tu avais les pieds à la place de la tête !

— Je ne devrais plus les perdre mes racines maintenant ! J'ai bien entendu… et j'ai bien compris qu'ils étaient blagueurs ! Alors si je les perds, c'est moi qui vais me moquer d'eux ! dis-je avec le sourire.

— C'est encore une fois un gros soin, beaucoup plus que les fois précédentes. Il te faudra plusieurs jours pour en voir les effets, et pour que ton corps l'intègre dans ses cellules.

— D'accord. Je vais me reposer…

— C'est important en effet, primordial même. Et surtout, il te faut boire beaucoup d'eau, toujours, tu le sais…

— Tu as déjà fait des soins comme celui-là ?

— J'en ai déjà eu un, mais pas avec autant de monde ! Là, c'était impressionnant. Vraiment !

— C'est quoi le niveau ultime ?

— Après, c'est le nœud quantique, mais tu n'y es pas encore.

— Bon, ça me laisse du temps alors !

— C'était un très beau soin en tout cas. Merci beaucoup ! Tu me permets de vivre de belles choses.

— C'est moi qui te remercie Cathy pour tout ce que tu fais pour moi. D'ailleurs, j'ai un cadeau pour toi… »

Je sortis alors de mon sac le tout dernier roman spirituel qui venait de sortir, et qui était en tête de gondole dans les rayons des magasins.

« Normalement, tu ne l'as pas encore lu celui-là ! Il vient tout juste d'être mis en vente !

— Ah non, je ne l'ai pas encore acheté. C'est très gentil ! Tu sais qu'il ne fallait pas… Merci Ève. Moi aussi, j'ai un cadeau pour toi… »

J'ouvris alors la pochette que me tendit Cathy. À l'intérieur, je découvris des chocolats maison fabriqués par une de ses connaissances. Dans un autre petit sachet se trouvait également une très jolie pierre, de couleur blanche, mi opaque, mi transparente. On y apercevait de petits filaments ocres et noirs. Cela me fit aussitôt penser aux racines d'un arbre. Mes yeux pétillèrent à la lumière de cette pierre. Un mot, écrit de la main de Cathy, l'accompagnait :

C'est une Merlinite !
(comme le magicien Merlin)

Cette pierre est magique,
elle porte la sagesse des chamans,
des alchimistes, des magiciens…

Elle t'aidera à rester ouverte et accessible.
A avoir une vision claire pour gérer tes énergies
intérieures, nécessaire à ton équilibre.

Cathy

« Je suis très touchée Cathy ! lui dis-je en l'embrassant chaleureusement. Il ne fallait pas !

— Est-ce qu'elle te plaît cette pierre ?

— Elle est magnifique ! Vraiment…

— Elle me semblait un peu grosse, mais quand je l'ai vue, j'ai aussitôt pensé à toi ! Alors mon mental m'a immédiatement dit « Ève ne porte pas de gros bijoux… elle ne va pas aimer ». Mais mon cœur me disait de te la prendre.

— Je vais la porter ! Je crois que j'ai une petite chaîne en argent à la maison. Je vais regarder en rentrant. Elle est vraiment très belle en tout cas. On dirait qu'il y a les racines d'un arbre gravées à l'intérieur de la pierre.

— Des racines… pour rester ancrée ?! C'est étonnant, me répondit-elle en rigolant.

— Je ne sais pas quoi te dire… Vraiment, merci beaucoup, et merci aussi pour ces chocolats ! Je crois bien que je vais attaquer le paquet en rentrant, lui dis-je en lui faisant un clin d'œil. Puis, tu me diras si ce roman te plaît…

— Oui, bien sûr ! J'avais envie de l'acheter en plus, comme par hasard ! Je te raccompagne chez toi ? »

En moi, il y a toi

« Si tu pouvais lire dans mon cœur,
tu verrais la place où je t'ai mise. »
Gustave Flaubert

Mercredi 14 février 2018

Je rentrais de mon travail. Chaque journée qui passait se ressemblait désormais, en l'absence de Luc. J'avais pris le temps de réfléchir à ma vie, à ces rencontres. J'avais aussi envie de faire autre chose, de cheminer vers ma destinée. Je ne savais pas encore quand, ni comment. Cette journée eut une saveur particulière, Sébastien resta malgré tout dans mon esprit. Ce sentiment qui nous avait unis ces quelques temps, resta encore bien plus fort que ce que je n'aurais pu imaginer. Malheureusement, je semblais la seule à le partager. J'avais appris à lâcher prise, et à accepter son départ indépendamment de ma volonté.

Je relevai le courrier, comme chaque soir. J'y trouvai une enveloppe blanche, avec mon prénom dessus. Sans tarder, je l'ouvris. Je reconnus aussitôt cette écriture. Mon cœur s'accéléra dès la lecture des premiers mots…

À toi mon amour, Ève,

Je ne t'ai pas oubliée... Jamais je ne pourrais t'effacer de mes pensées. Tu es celle que j'aime et à jamais tu resteras en mon cœur.

Excuse-moi de n'avoir pu te donner de mes nouvelles. J'ai dû partir en urgence dans une banlieue proche de New Dehli pour voir l'un de nos fournisseurs. J'ai bien tenté de t'appeler pour te prévenir, mais le destin a joué contre moi. Mon téléphone ne voulait plus s'allumer, alors j'ai soupçonné un problème de batterie. Arrivé sur place, je n'ai rien pu faire de plus. Je n'avais pas ton numéro… Alors j'ai pensé t'envoyer un mail, mais mon ordinateur, lui non plus, n'a jamais voulu fonctionner. Crois-moi, j'étais triste, à des milliers de kilomètres de toi, et en colère de te laisser sans nouvelles. Je ne pouvais pas te faire ça, pas à toi, Ève.

Puis, tout s'est accéléré, pour le travail, mais pas seulement… J'ai été retenu plus longtemps que prévu. J'avais moi aussi des choses à comprendre, à apprendre. J'y ai rencontré un moine, et figure-toi, que j'ai croisé le chemin de ton ancien directeur, Luc. Le monde est petit... J'ai donc pris deux semaines de congés pour faire une partie de son périple avec lui.

A mon retour en France, je n'ai pas osé te recontacter... J'avais peur, peur de notre amour si intense, peur de me voir essuyer un refus de ta part de me parler, peur d'affronter ton regard et d'y voir ta déception. Il m'a fallu faire un important travail d'acceptation. J'ai appris beaucoup de choses en Inde. J'y ai fait de belles rencontres ; celles que l'on ne peut oublier, car elles nous permettent d'avancer et d'évoluer. Mais une seule personne demeurait en mon cœur, une seule pouvait allumer cette flamme de l'intérieur... Et cette personne, elle se prénomme Ève. Au premier regard, je t'ai reconnue. Nous nous connaissions déjà, c'était dans une autre vie. J'ai compris que cette séparation, du moins cette absence, nous était nécessaire à tous les deux. Tu avais des choses à travailler, à guérir, et même si j'aurais voulu être près de toi, il te fallait les faire seule. Mon absence, contre ma volonté d'humain, t'a servi de déclic. Mon âme le savait, c'est aussi pour cette raison que tout a été fait pour que je ne puisse te joindre. Il y a parfois des évènements qui nous amènent à évoluer, notre séparation en est un parmi tant d'autres. Je sais que tu as cheminé, à ton rythme. Je ressens aussi ta libération, ta lumière rayonne. Tu es si belle…

Chaque jour, chaque heure, chaque minute, j'ai pensé à toi. J'espère sincèrement que tu me pardonneras… J'espère naturellement que tu me comprendras… J'espère simplement pourvoir un jour, ici dans cette vie, avoir le privilège de te serrer contre moi chaque matin, et m'endormir à tes côtés jusqu'au dernier jour. Je t'aime Ève !

Accomplissement

« Si vous pouvez le rêver, vous pouvez le faire. »

Walt Disney

Lundi 3 juin 2019

Plus d'une année avait passé. Beaucoup de choses avaient changé dans ma vie. J'avais emménagé avec Sébastien. Je lui avais accordé mon pardon, si tant est que l'on puisse parler de pardon… Je n'avais pu rester insensible à ses mots. J'avais déjà pardonné à ma maman, j'avais appris, j'avais compris. Finalement, même son absence avait un sens, pour moi, pour lui, pour nous. Nous vivions des jours heureux, paisibles, sous le signe de l'amour avec un grand A. Il était bel et bien mon prince charmant, celui dont j'avais toujours rêvé. À défaut de pouvoir le retenir, je lui accordais toute sa liberté. Une confiance mutuelle s'était progressivement remise en place entre nous. Je le savais désormais, nos âmes étaient liées.

Même en son absence physique, il resterait en mon cœur. Ma force et mon énergie se décuplaient à son contact. Il m'avait largement encouragée et soutenue dans mes projets, et le premier était sur le point de voir le grand jour…

Mon téléphone sonna ; c'était le responsable éditorial d'une maison d'édition, Carl. Luc me l'avait présenté peu avant son départ ! Cet homme était sympathique, raison pour laquelle nous étions restés en contact. Nous avions fait connaissance, sans jamais imaginer que j'aurais un jour ce projet de roman…

« Le manuscrit que tu m'as envoyé a été lu et retenu par le comité de lecture ! Les collègues ont trouvé l'histoire poignante. Nous allons donc pouvoir éditer ton livre, si bien sûr tu souhaites que nous soyons ton éditeur.

— C'est super ! Je ne m'attendais pas à avoir une réponse aussi vite, et surtout positive ! Je suis vraiment contente, je n'en reviens pas.

— Je te propose de passer à mon bureau pour les formalités administratives. Vendredi, 10h, cela te convient ?

— Parfait, c'est noté pour moi Carl.

— Tu vois où sont nos locaux ?

— Oui, oui.

— Et si tu veux, je t'invite aussi à déjeuner le midi pour fêter cette bonne nouvelle. Ça me ferait plaisir de partager un moment avec toi. Il va falloir que tu m'expliques comment tu as fait pour imaginer un scénario aussi intriguant pour ton roman ! Quelle imagination…

— Ah… je te dévoilerai mon secret alors, enfin une partie du moins ! En tout cas, j'accepte volontiers ton invitation. Je te dis à vendredi alors. Passe une bonne journée Carl.

— Merci, toi aussi Ève. À vendredi. »

Après avoir raccroché, je m'assis sur mon canapé. Mon regard se dirigea vers la lucarne de mon appartement. Sous un fin voile gris, le ciel affichait de merveilleuses couleurs, aux tonalités roses et oranges. Des frissons commencèrent à parcourir mon corps entier, des pieds à la tête. Mon cœur se mit à s'accélérer. L'émotion m'envahit progressivement, et je ressentis un intense sentiment de joie. Je n'en revins pas, pas aussitôt du moins. Étais-je dans un songe, où je me voyais réaliser l'un de mes rêves ? C'était mon accomplissement… Les larmes commencèrent à couler le long de mon visage, pour se déverser sur mon cou. Les souvenirs se mirent à défiler dans ma tête.

Je repensai alors à mon enfance, aux dernières années passées. Ma vie n'avait pas toujours été simple. Très jeune, je m'étais passionnée pour les romans à suspens. J'avais dévoré des dizaines d'œuvres d'auteurs connus et réputés dans ce domaine. J'avais toujours secrètement rêvé d'écrire un livre. À 34 ans, j'avais décidé de me lancer dans l'écriture de mon premier roman. Je m'étais préparée à faire face à des difficultés, parfois décourageantes. J'avais pensé qu'il serait compliqué de trouver un éditeur, que mon histoire n'intéresserait pas… que ceci… que cela… Il fallait dire que certaines personnes avaient réussi à semer un peu plus encore le doute dans mon esprit, par le biais de remarques très pessimistes, et même blessantes du genre « Tu crois vraiment qu'on va acheter ton bouquin ? Arrête de rêver un peu, Ève. C'est un métier d'écrire des romans… ». Alors comment était-ce possible que ce rêve se réalise si facilement ? Je n'eus pas de difficultés pour rédiger les 188 pages de mon ouvrage. J'avais envoyé mon manuscrit uniquement à Carl, et finalement trouvé un éditeur sans vraiment en chercher un, puisque c'était lui qui me l'avait proposé. En si peu de temps, et sans avoir fait de gros efforts, mon livre allait bientôt être édité et vendu.

À ce moment précis, je pris conscience que j'avais toujours conservé ma motivation intacte. Au fond de moi, je savais que je devais écrire cette histoire. C'était une conviction, une évidence. Peut-être même était-ce cette petite voix intérieure qui m'encourageait constamment à suivre mon intuition ! Je m'étais dit que même si seulement dix personnes lisaient mon livre, je serais tout de même heureuse d'avoir fait ce travail et d'avoir été au bout de mon rêve. Ce n'était pas le résultat qui comptait, mais simplement la joie que l'on pouvait ressentir lorsque l'on avait réussi à surmonter les difficultés. La réussite n'était pas un objectif en soi, c'était bien l'effort fourni pour y parvenir qui procurait cette satisfaction. Cette aventure faisait aussi partie de mon chemin de vie : éveiller les consciences, transporter le lecteur au travers une histoire, faire rêver. J'avais eu de nombreuses synchronicités, me montrant que j'avais emprunté le bon chemin. Alors, j'avais suivi mon intuition, et naturellement fait appel à ma créativité. Je repensai alors à la question posée par Luc, lors de mon entretien d'embauche. Il avait raison... Il savait ! Intuition et créativité sont liées. Je me rappelais de ses paroles à l'occasion d'un café : « L'intuition est présente en chacun de nous. Il suffit simplement d'en prendre conscience pour savoir l'écouter. Elle nous permet de nous approcher de nos véritables aspirations, de notre Être intérieur et profond, et de notre mission d'Âme. Pour être créatif, il faut croire en soi. Il est donc primordial d'écouter son intuition, ses émotions et ressentis. Il est nécessaire d'accepter d'aller au-delà de ses propres croyances, des préjugés. Il faut savoir sortir des sentiers battus et accepter de se libérer de certains blocages nécessaires à notre évolution personnelle. Bien souvent, nos croyances nous brident, et nos peurs nous empêchent de tenter quoi que ce soit. Nous abandonnons notre idée ou notre projet avant même d'avoir commencé et essayé. Finalement, est-ce possible de rêver ? OUI, nous rêvons tous... Est-ce possible d'aller à la conquête de son rêve ? OUI, qu'est ce qui pourrait nous empêcher d'y croire ? Nous ne devons pas douter quand la voix du cœur s'exprime. Nous devons emprunter ce chemin de la liberté, celui qui va nous permettre de réaliser notre rêve et ainsi d'aller à la rencontre de notre bonheur, sans se soucier de savoir si c'est possible ou impossible… ».

Tant de choses avaient changé, mais surtout, c'était une journée particulière, un anniversaire qui m'était cher. Je ne l'avais pas fêté pendant une quinzaine d'années… J'appelai alors ma maman, tout en me disant que mes rêves se réalisaient progressivement, comme s'il suffisait d'y croire avec une force inébranlable pour que le destin se mette en chemin.

À la croisée de mon chemin

« Il n'y a pas de hasard, il n'y a que des rendez-vous. »
Paul Eluard

Vendredi 7 juin 2019

Le vendredi matin, j'arrivai devant le siège de la maison d'éditions où travaillait Carl. Les locaux m'étaient encore inconnus. J'avais déjà vu plusieurs fois Carl, mais je n'étais jamais allée à son bureau. J'observai alors ce bel immeuble de type haussmannien. La façade était incroyablement propre et entretenue. Juste au-dessus de la double porte en bois était inscrit le numéro de rue « 88 ». Cela me fit sourire une fois de plus. Je me dis alors que c'était sûrement un nouveau signe de mes anges et guides ! Depuis mon réveil, je voyais des 8 partout : je pris mon petit déjeuner à 8h08, je montai dans le bus 88 pour venir jusqu'ici, une voiture avec l'immatriculation 888 s'arrêta pour me laisser passer sur un passage piéton, alors qu'aucun automobiliste n'avait daigné se stopper avant, et voilà que j'arrivai désormais au 88 de la rue ! Je me dis qu'ils étaient quand même vraiment doués pour envoyer des messages ; il suffisait juste d'y prêter attention en fait ! Je me sentis rassurée et accompagnée. Je montai alors au deuxième étage, et frappa à la porte avant de rentrer dans les locaux.

La jeune femme de l'accueil me salua, avec un magnifique sourire comme on les voit dans les films. J'annonçai mon rendez-vous avec Carl. Elle m'invita à rejoindre et patienter dans la salle d'attente.

Je partis m'installer sur l'une des chaises en plastique de couleur verte. Je me souvins encore de la première fois que j'avais rencontré Carl. Luc me l'avait présenté à l'occasion d'un déjeuner. La cinquantaine passée, il avait beaucoup d'allure et de charisme. Il avait les cheveux bruns, de petites lunettes rondes, et de merveilleux yeux verts. Il était habillé simplement, sans exubérance. Ce jour-là, il portait un grand manteau bleu marine en laine, et une écharpe grise à rayures. Il était à la fois sympathique et mystérieux. Après plusieurs échanges, une certaine familiarité s'était créée entre nous. Luc m'avait donné sa carte de visite en me disant « Garde son contact, cela pourrait te servir un jour ». Je n'avais pas compris à l'époque ! Même cette phrase avait finalement un sens…

Soudainement, j'entendis le pas lourd de Carl raisonner dans le couloir.

« Ève ! Comment vas-tu ? Je suis ravi de te voir » me dit-il tout en s'approchant de moi pour me faire la bise.

Je suivis Carl jusqu'à son bureau. Je me sentis bien petite par rapport à lui, dont la taille devait avoisiner les deux mètres. Même mes hauts talons ne suffirent pas à diminuer cet écart de taille entre nous.

« Installe-toi, je t'en prie. Je reviens tout de suite… je te demande juste deux petites minutes. Veux-tu boire un café en attendant ?

— Non merci Carl, c'est gentil. »

Carl sortit du bureau, toujours d'un pas élancé. J'observai alors son bureau. Tout y était parfaitement rangé. Quelques crayons étaient posés dans un pot en forme de gros taille-crayon en bois. Les livres qui ornaient sa bibliothèque étaient tous parfaitement alignés. On aurait presque eu peur d'en prendre un, par crainte de les déranger ! Le bureau était en bois massif, avec un plateau de verre. Les murs étaient unis, presque fades. La décoration, elle aussi, était très épurée. Seul un tableau était affiché au mur. C'était une œuvre abstraite, où se mélangeaient de vives couleurs. Il y avait de nombreux motifs géométriques, avec une majorité de tons jaunes et rouges. On pouvait subtilement y percevoir un visage souriant, peut-être même un papillon… Cette peinture était intrigante, et fabuleuse à observer avec attention. On pouvait laisser libre court à notre imagination, et permettre à notre esprit de vagabonder.

Je repensai soudainement au jour où j'avais commencé à écrire mon livre. C'était un soir d'hiver, munie d'une feuille blanche et de mon stylo-plume reçu en cadeau à mes quinze ans. J'avais pris une grande respiration et j'avais commencé à rédiger mes premières phrases. Les mots arrivèrent naturellement. Sans réfléchir et en quelques minutes, l'histoire voyait le jour. Le titre s'était imposé naturellement. Je l'avais trouvé si rapidement et sans hésitation. J'avais travaillé pendant neuf mois sur ce livre, le temps de gestation d'un embryon qui devient bébé pour ensuite voir le jour, la lumière réelle. J'avais ensuite fait lire mon roman à ma mère, à ma belle-mère, à mes fidèles amies Cathy et Axelle, et à bien d'autres personnes encore. Je fus interrompue dans mes pensées par Carl, qui ferma brusquement la porte de son bureau. Il se prépara un café.

« Tu ne veux toujours pas boire un café ? Tu es sûre ?

— Oui, certaine. J'en ai déjà pris plusieurs ce matin !

— Ah, mais veux-tu autre chose ? Un thé ? Un verre d'eau ?

— Non, rien du tout, je te remercie.

— Bien. Je suis vraiment content que ton livre ait retenu l'attention du comité de lecture. On reçoit beaucoup de manuscrits tu sais, et parfois ce n'est pas facile de faire un choix. C'est un pari ! On croit au succès du roman, ou on n'y croit pas… soupira Carl.

— Oui, je m'en doute. J'ai d'ailleurs été surprise d'obtenir une réponse positive aussi rapidement. Je ne m'y attendais pas.

— Ton scénario est détonant, j'ai beaucoup aimé. C'est osé !

— Peut-être, oui… Je te remercie pour tous ces compliments. Cela fait toujours plaisir à entendre, mais je n'ai pas la sensation d'avoir de talent particulier…

— J'en ai lu des livres, crois-moi !

— Luc t'a déjà parlé de créativité et d'intuition ?

— Non, pas que je me souvienne ! me répondit-il

— Demande-le lui quand tu le reverras…

— D'accord, je n'y manquerai pas… Ça pourrait arriver plus vite que prévu. Bon, plusieurs documents ont été imprimés pour les formalités administratives. Nous allons les regarder ensemble si tu es d'accord. Je vais t'expliquer les modalités du contrat, notamment concernant la rémunération, mais aussi les différentes obligations légales pour nous éditeur, comme pour toi auteur. »

Carl me tendit une pochette en simili cuir noir, avec mon nom écrit dessus. J'étais à la fois troublée et heureuse. Quelle attention… C'était la concrétisation de mon projet, de mon bébé. J'ouvris le porte document, et je commençai à lire les feuillets imprimés. Au fur et à mesure, Carl m'expliqua les différentes spécificités et subtilités du contrat.

« As-tu des questions auxquelles je n'aurais pas répondu, Ève ?

— Non, tout est clair !

— Es-tu d'accord pour signer ce contrat avec nous alors ?

— Oui bien sûr ! Plutôt deux fois qu'une même !

— Parfait, je te propose de parapher chaque page et de signer et dater la dernière feuille en y apposant la mention « Bon pour accord. Lu et approuvé ».

Je sortis mon stylo plume, celui avec lequel j'avais commencé à écrire ce roman. J'inscrivais mes initiales en bas à droite de chaque page. J'y apposai enfin ma signature. Je refermai la pochette et la redonnai à Carl.

« Bien, voilà une bonne chose de faite. Je suis très contente ! Je réalise un rêve.

— Je suis très heureux pour toi. Ça me fait toujours plaisir de publier de livres pour des personnes aussi sympathiques que toi ! Réaliser un rêve n'a pas de prix, et je suis ravi d'avoir pu t'y aider. Je te propose qu'on aille déjeuner. J'ai réservé au restaurant « Le Foch », c'est à quelques pas d'ici.

— C'est parti. Je te suis ! »

Nous quittâmes le bureau. Sur le chemin, nous échangeâmes sur ce quartier. Je ne le connaissais pas vraiment, et il me paraissait très agréable. Il y avait un petit parc avec de beaux et grands arbres, des commerces variés, des bars et restaurants, une station de métro à proximité. Arrivés au restaurant, Carl m'ouvrit la porte et me laissa passer en premier. Le serveur, qui semblait bien connaître

Carl, nous installa à une table réservée, dans un petit recoin. Le restaurant était décoré avec goût. Ce choix ne m'étonnait pas de Carl, dont c'était la cantine du midi. Le serveur revint quelques instants plus tard avec le menu.

— Souhaitez-vous commencer par un apéritif ?

— Bien sûr ! Nous fêtons la signature du contrat de Madame, qui vient de terminer son premier roman. Il sera publié dans quelques mois maintenant ! Alors, je vais prendre un verre de Merlot. Et toi Ève, que veux-tu ?

— Je vais me laisser tenter par un kir royal à la mûre, s'il vous plait.

— Bien, c'est noté. Je vous laisse regarder la carte…

— Alors, dis-moi Ève… comment as-tu fait pour écrire un scénario comme celui-là ! Mais quel est ton secret ???

— Je vais commencer par te poser une question Carl. Crois-tu en l'invisible ?

— Comment ça ?

— Penses-tu qu'il puisse exister des choses que nous ne puissions voir, que nous sommes entourés, et que certaines personnes puissent avoir des dons particuliers ?

— Je ne suis pas fermé à tout cela…

— Bien, c'est déjà ça… Qu'as-tu pensé de l'histoire, de ce qu'a vécu l'héroïne Marie ?

— Je te l'ai dit, je me demande comment tu as fait pour inventer tout cela… Il faut une sacrée dose d'imagination ! Les écrivains, vous m'épatez toujours !

— Pas tant que ça tu sais… J'ai vécu personnellement certaines scènes. C'est du réel intégré dans un roman-fiction. Je ne me sentais pas prête à faire une autobiographie. C'était trop personnel, alors j'ai inventé un personnage, Marie. Je lui ai donné vie, j'ai imaginé le reste pour en faire une histoire un peu hors normes, qui puisse faire rêver les lecteurs et les transporter, les éveiller même.

— C'est incroyable. En même temps, beaucoup d'écrivains puisent leur inspiration dans des scènes vécues ou observées. Si je comprends bien, tu es donc ouverte spirituellement ?

— Tout à fait.

— Pourquoi tu ne m'en as jamais parlé Ève ?

— On ne se connaît pas tant que ça finalement…

— C'est vrai !

— Et puis tu sais, ce n'est pas tous les jours facile d'afficher ses croyances spirituelles. Quand on vit des expériences comme les miennes, on ne cherche pas trop à en parler. Notre mental nous rattrape toujours en nous disant que ce n'est pas possible. On ne veut pas passer pour une illuminée !

— Oui, je comprends…

— Et concernant le titre de mon livre « La Plume blanche », sais-tu comment et pourquoi je l'ai choisi ?

— J'imagine… je vois bien le lien avec l'histoire.

— J'ai commencé à écrire ce livre avec un beau stylo plume que l'on m'avait offert pour mes quinze ans, mais surtout, j'ai été guidée dans l'écriture. J'ai fait appel à l'invisible Carl !

— Comment ça ?

— J'ai raconté une partie de mon histoire personnelle, de mon vécu. Mais comme je te le disais, j'ai aussi dû inventer les personnages, certains dialogues, certains lieux, certaines scènes pour donner corps à mon histoire, pour faire rêver et la dissocier de moi. J'ai parfois demandé de l'aide à mes guides. Nous en avons tous…

— Vraiment ?

— Oui, des êtres invisibles nous protègent et nous guident. On les appelle aussi des anges gardiens. On peut ressentir leur présence, leur énergie. De mon côté, je me suis contentée de leur demander des conseils. Déjà, était-ce une bonne idée d'écrire ce livre ? J'ai écouté mon intuition, mon cœur. J'ai fait attention aux sensations à l'intérieur de mon corps, et j'ai été attentive aux signes qu'on m'envoyait. Un jour, mon mental essayait de me rattraper, et tentait de me convaincre que c'était une idée saugrenue. J'ai alors sorti un jeu de cartes et j'ai demandé si écrire un livre était une bonne idée.

— Et alors ?!

— Deux cartes sont sorties du jeu alors que je les mélangeais : « Expression écrite » et « Excellente idée ».

— C'est dingue !

— Non, ce n'est pas dingue, Carl. C'est une autre vision des choses. Tout est énergie et vibration. Notre corps est énergie, les plantes sont énergie, la nourriture est énergie, les maisons sont énergie… et les cartes aussi sont énergie ! Mais cela ne s'arrête pas là. Nous pouvons aussi recevoir des messages, observer des synchronicités. Plus nous sommes ouverts, plus nous les observons facilement… Tu vois, depuis ce matin, je vois des 8 partout.

— Des 8 ?

— Oui, le chiffre 8… à mon petit déjeuner, il était 8h08, j'ai pris le bus 88, une voiture immatriculée 888 a voulu me couper la route, et je suis arrivée à tes locaux au 88 de la rue !

— Et qu'est-ce que cela signifie ?

— Le chiffre 8 représente l'abondance, et indique que les idées reçues répondent à notre mission de vie.

— On dirait que tu en connais un rayon à ce sujet !

— Oui… pourtant, j'ai refusé d'y croire pendant des années. J'étais une grande cartésienne, sans croyance religieuse ni spirituelle, bien qu'ayant grandi dans cet univers finalement. Ma jeunesse ne fut pas de tout repos. Mon histoire et mon vécu n'ont fait que renforcer ma personnalité bien singulière. J'ai d'ailleurs longtemps rejeté l'idée que des personnes pouvaient avoir un « don », bien que nous en ayons tous finalement ! Puis un jour… un jour, j'ai dû me rendre à l'évidence que certaines choses existaient vraiment. J'ai beaucoup lu, j'ai appris, j'ai compris ! Tout simplement. Maintenant, je ne cherche à convaincre personne. Chacun est libre de ses croyances. Je respecte chaque point de vue. Je ne suis pas là pour juger quoi que ce soit, ou qui que ce soit. Mais moi, je sais ce que j'ai vécu ! Écrire un livre était un rêve de petite fille. Alors je n'ai pas hésité à transmettre une partie de mon histoire, et des réflexions personnelles que j'ai pu avoir. J'utilise mes capacités de médiumnité par le bais de l'écriture.

— Tu as raison. Il faut suivre son intuition.

— Tout à fait ! J'ai donc écrit ce livre avec l'aide de mes guides. Ils m'ont envoyé les idées. Je visualisais les images, et je n'avais plus qu'à décrire ce que je voyais. J'ai donc décidé de donner le titre « La Plume Blanche » à ce livre, en clin d'œil à mes guides, à mes anges qui m'ont accompagnée et soutenue dans cette belle aventure ! Cette plume est aussi gravée en mon âme, mais aussi sur mon corps. Il se pourrait même que je fusse écrivaine dans une vie antérieure. Tu sais Carl, il n'y a pas de hasard. Il n'y a que des synchronicités, il n'y a que des rendez-vous. D'ailleurs, Jung a introduit ce sujet il y a des dizaines d'années maintenant !

— Oui, tu en parles dans ton livre.

— Je ne pouvais pas ne pas en parler. C'est la base ! Tu crois que notre rencontre est un hasard ? Rappelle-toi, Luc t'a présenté à moi un midi. Après ton départ, il m'avait dit « Garde son contact, il pourra t'être utile un jour ». Sur le moment, je n'avais pas compris cette phrase. Puis, lorsque j'ai terminé d'écrire mon livre, j'ai repensé à notre rencontre, et aux paroles de Luc. Eh oui, tu travailles pour une maison d'édition ! Notre rencontre avait un sens, mais je ne le savais pas, tu ne le savais pas, peut-être même que Luc ne le savait pas. C'est simplement une conspiration de nos âmes pour m'aider dans ma mission. Tu as été mis sur mon chemin, tout comme Luc d'ailleurs, pour m'assister dans mon évolution. Je dois très probablement avoir un rôle à jouer pour vous aussi…

— C'est vraiment incroyable tout cela ! Tu me donnes envie de découvrir cet univers.

— Je pourrais t'en parler pendant des heures… Je suis une autodidacte, mais aussi une grande passionnée.

N'oublie pas qu'il n'y a pas de hasard, il n'y a que des opportunités. Notre rencontre en est une !

— Une merveilleuse rencontre même, ajouta Carl, en me faisant un clin d'œil. J'ai prévu une surprise pour toi. Il manque juste une personne à cette table. Regarde dehors…

— Luc !!! » m'écriai-je. Je m'excusai auprès de Carl et je partis le rejoindre, sur le seuil de la porte du restaurant.

Il m'embrassa chaleureusement, et me pris dans ses bras. Il était enfin revenu… Il glissa au creux de mon oreille :

« Je t'avais dit que ce n'était qu'un au revoir… Je suis si heureux pour toi. Tu as été à la croisée de mon chemin, tout comme j'ai été à la croisée du tien. Pour rien au monde je n'aurais manqué ce pot de l'amitié, pour fêter dignement ton accomplissement, ta réalisation en tant qu'âme. Viens vite, Carl nous attend… »

Tous les trois réunis, nous trinquâmes à ce fabuleux destin, qui nous avait permis d'emprunter cette voie. La vie nous réservait bien des surprises. Luc avait tant de choses à nous raconter. Il venait de rentrer de son voyage, un peu plus vite que prévu, sur suggestion de Carl. Moi, j'étais restée à Paris durant ces mois passés, mais j'avais réalisé le plus grand voyage intérieur que je n'aurais jamais imaginé.

Le repas s'éternisa et nous étions désormais les derniers clients du restaurant. L'après-midi était même bien entamé. Je ne voulais pas partir ; je voulais me languir ici, encore.

J'avais désormais accompli ma mission, en compagnie de mes deux acolytes. J'avais croisé tant de belles âmes ces années passées : Luc, Cathy, Axelle, Sébastien, mon papa, ma maman, Carl et tant d'autres… La vie m'avait réservé tant de difficultés à surmonter, mais aussi tant de belles rencontres ! Je ne savais pas grand-chose finalement, mais mon intuition me disait que ce n'était que le début d'une grande et belle aventure… À la croisée de mon chemin !

À ma fille,

L'étude de la raison pour laquelle les hommes sont si violents est le conflit. La violence prend sa source dans l'envie de chacun qui veut dominer l'autre.

Les motivations, qui nous animent au travers de notre raison, nous obligent à la remise en cause qui ouvre « L'AVENIR ».

L'opinion est une manière de voir, qui ne repose pas sur la raison. Même si l'opinion est considérée comme une conviction, une impression, elle n'est pas pour autant vérité.

Dans les sociétés modernes, l'opinion publique ou de proches joue un rôle immense au point qu'elle puisse déterminer à tort ou à raison les décisions ou les sentiments.

L'opinion est la reine du monde, tant et si bien que la raison veut la combattre. La raison est condamnée…

Ta maman qui t'aime.

Remerciements

Le soleil est toujours présent, bien que parfois masqué sous les nuages. Nous devons faire face à des épreuves, plus ou moins douloureuses. La vie n'est pas un long fleuve tranquille et nous réserve bien des surprises. De quoi demain sera-t-il fait ? Oh grand mystère ! Vous le savez, vous ?! De mon côté, la seule chose dont je suis convaincue, c'est qu'il ne faut pas hésiter à emprunter un chemin différent, plus coloré, plus risqué, plus hasardeux, plus incertain, plus audacieux. Il faut écouter son intuition, la voix de son cœur… et c'est ainsi que m'est venue cette idée de roman !

J'ai écrit ce livre avec beaucoup de plaisir mais aussi énormément d'émotions ! J'espère sincèrement que vous aurez pu les ressentir, mais aussi que vous aurez apprécié ce roman, qui est également une partie de mon histoire. C'est avant tout une invitation au voyage, à la rêverie, à la prise de conscience, à l'éveil. Oui, nos seules limites sont nos propres croyances et peurs. Le changement ne peut venir que de nous, au plus profond de notre Être intérieur.

Les épreuves que nous vivons, aussi difficiles soient-elles, sont nécessaires pour notre évolution personnelle. Nous avons toutes et tous un enseignement à recevoir et à comprendre. Comme beaucoup de personnes, j'ai pris des décisions, remises en cause quelques années plus tard. Là encore, il ne faut pas alimenter des regrets, mais pardonner, se pardonner et en déchiffrer le sens profond. Rien n'arrive pas hasard. L'erreur est humaine. Alors, osons sortir des sentiers battus et (télé)guidés. N'ayons pas la crainte de faire des erreurs, car elles nous permettront d'apprendre, de découvrir, de grandir, de progresser, de vivre tout simplement... Si nous n'essayons pas, nous ne saurons pas.

Je dédie ce livre tout spécialement à mes deux plus grands amours : ma fille Éva et mon fils Luka (d'où les prénoms des deux personnages principaux : Ève et Luc). À vous deux, vous m'avez métamorphosée. Il y a l'Émilie d'avant (sans enfants) et l'Émilie d'après (maman). Pour rien au monde je ne voudrais redevenir celle d'antan. Désormais, je suis moi, juste moi, et c'est aussi grâce à vous ! Je ne vous remercierai jamais assez. Luka, tu as achevé ce travail commencé par ta sœur Éva. Et dire que j'ai pensé que tous ces changements intérieurs étaient dus aux hormones de grossesse ! J'ai compris après votre naissance qu'il n'en était rien, que la transformation était bien amorcée et en moi. Vous m'avez guidée sur ma propre voie. Vous avez été à la croisée de mon chemin, et vous êtes mes deux plus belles rencontres dans cette vie. Nous sommes liés par le cœur, mais aussi par le sang. Vous êtes ma plus belle réussite, vous êtes ma plus grande fierté, vous contribuez à mon plus pur bonheur, vous faites partie de ma vie ! Vous êtes mes pierres précieuses, ces diamants bruts que l'on ne veut pas tailler pour les conserver dans leur état original, éclatants et singuliers. Il n'y a pas un matin où je me réveille sans penser à vous. Je donnerai tout pour vous, absolument tout et sans hésitation aucune. Je ne cesserai jamais de vous aimer, dans cette vie ou dans une autre. Je resterai toujours à vos côtés… oui, toujours, à jamais, croyez-moi !

Je vous remercie tout particulièrement, chers lecteurs et chères lectrices ! J'espère que cette histoire, une partie de moi, vous aura plu. Elle est très personnelle, sûrement la plus personnelle que j'écrirais dans toute cette vie. C'était un challenge de sortir de cette réserve, d'oser faire cette mise à nu, de transformer des évènements personnellement vécus en roman fiction. J'écris par passion, avec émotion. Ma mission est de transmettre des messages. C'est ce que je fais par l'écriture notamment. Je devais révéler un pan de mon histoire, qui a pris sens et est devenue une évidence. Je n'en connaissais pas la raison au début de l'écriture de ce livre. J'ai pourtant écouté la voix de mon cœur me dicter chaque mot, chaque ligne… Vous avez dans vos mains le résultat de ce travail, de toutes ces heures passées et non comptées.

Je remercie également les personnes qui ont pu m'accompagner et me soutenir dans mon évolution personnelle, sur ce chemin que j'ai emprunté :

- Ma famille, mes proches, mes ami(e)s, qui me donnent tant d'amour au quotidien ;
- Mes contacts sur les réseaux sociaux, qui suivent mes écrits et mes aventures et me font de si beaux et émouvants retours ;
- Mon amie Sara Crous, qui a accepté de relire et corriger mon manuscrit.
- Et bien sûr, mon ancienne collègue et amie Nathalie, aujourd'hui thérapeute holistique énergéticienne et formatrice, qui a personnellement contribué à mon éveil, tout en me libérant d'importants blocages en tous genres.

Vous avez, toutes et tous, été à la croisée de mon chemin, et je vous en remercie sincèrement. Vos encouragements et votre foi en mon projet m'ont aidée à dépasser mes doutes et à poursuivre cette merveilleuse aventure qu'est l'écriture d'un livre. C'est dans le partage que l'on s'enrichit (intérieurement) individuellement et collectivement.

Merci à toutes et tous, du fond du cœur !

Si Ève a su vous faire voyager, si vous avez aimé ce roman,
n'hésitez pas à laisser un commentaire sur Amazon.
Je serai ravie de prendre connaissance de votre retour.

Retrouvez mon premier livre, en vente sur Amazon :

Retrouvez-moi également sur les réseaux sociaux
pour y suivre mes publications régulières :

ou sur mon site internet : **www.emilie-marguerite.com**

Printed by Amazon Italia Logistica S.r.l.
Torrazza Piemonte (TO), Italy

17996009R00162